중국 지도

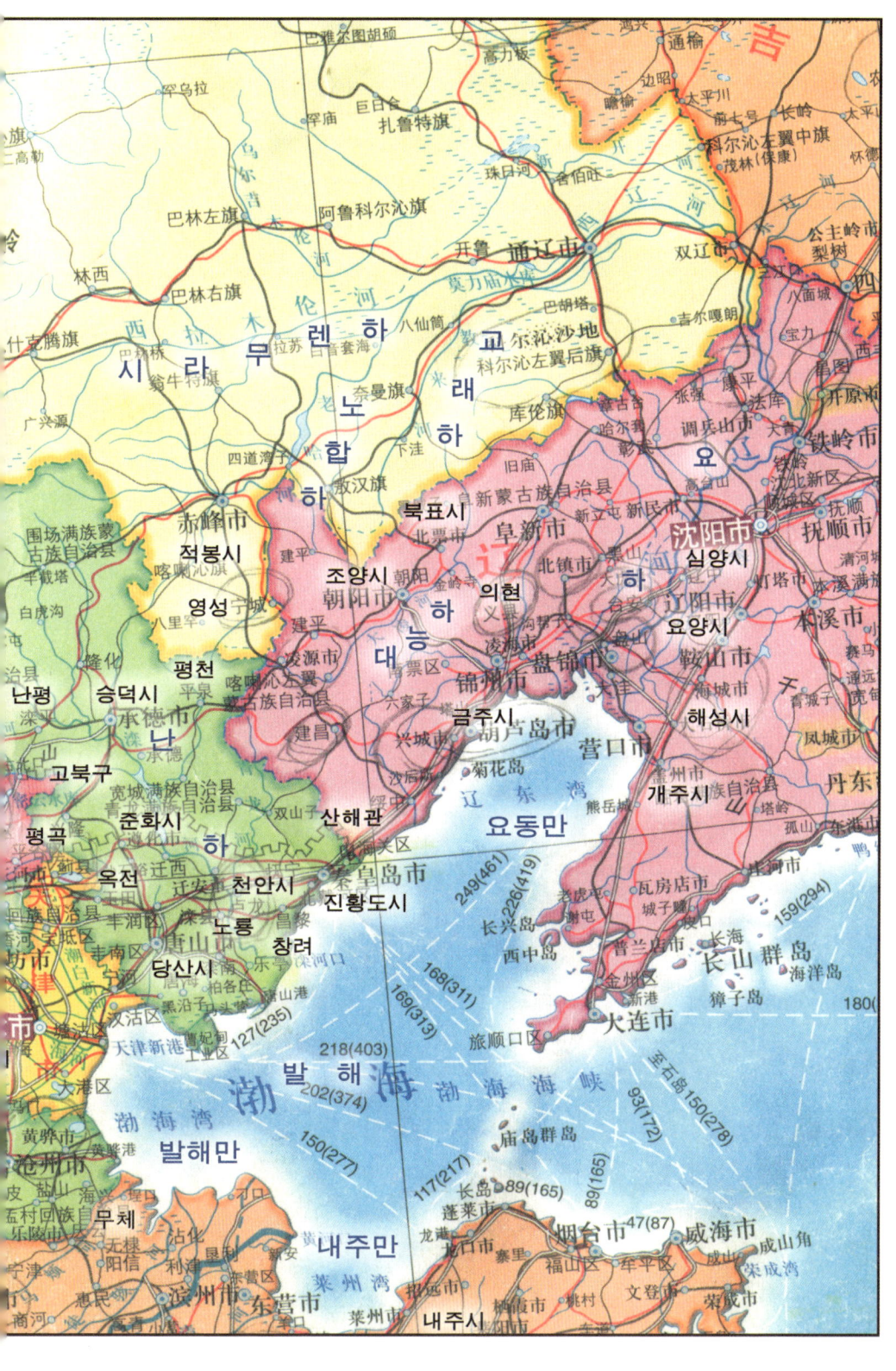

사고전서 사료로 보는 한사군의 낙랑

| 민족문화연구원 학술총서 | 13 |

사고전서 사료로 보는 한사군의 낙랑

초판 1쇄 발행 : 2014년 6월 12일

편저자 : 심백강
펴낸이 : 육 일
펴낸곳 : 바른역사

편집디자인 : 길성목
인쇄 : 북토리

출판등록 2014년 5월 8일
주소 : 서울특별시 종로구 새문안로 3길 23-401
     (내수동 경희궁의 아침 4단지 오피스텔 401호)
전화 : 02-723-2535
E-mail : barun522@hanmail.net

ⓒ 심백강 2014
이 책은 저작권법에 따라 보호받는 저작물이므로 무단전재와 무단복제를 금지하며, 이 책 내용의 전부 또는 일부를 이용하려면 반드시 저작권자와 바른역사의 서면동의를 받아야 합니다.

값 24,000원
ISBN 979-11-952842-0-7(03910)
잘못된 책은 바꿔드립니다.

바른역사 정립은 이제 우리 국민의 몫입니다. 이 책을 읽고 혹시 질문이 있거나 또는 바른역사 정립운동에 동참할 의사가 있으신 분은 이메일 barun522@hanmail.net로 연락주십시오. 함께하면 힘이 배가 됩니다.

사고전서 사료로 보는
한사군의 낙랑

| 심백강 편저 |

바른역사

낙랑은 한국사의 척추다!

　한사군의 낙랑은 한국사의 척추에 해당한다. 낙랑이 바로 서면 한국사가 바로 서고 낙랑이 뒤틀리면 한국사 전체가 뒤틀린다. 그래서 중국의 중화중심주의자들은 조선의 낙랑은 중원의 낙랑과 무관하다고 주장하며 한국사의 대륙사와의 단절을 낙랑을 통해 시도했고, 일제의 식민사학자들 또한 위조 가능성이 높은 낙랑유물을 내세워 대동강 낙랑설을 제기하며 이를 한국사 왜곡의 타깃으로 삼았던 것이다.

　고대사, 특히 상고사는 사료가 생명이다. 우리 강단사학계는 고조선·낙랑사와 관련해서 걸핏하면 사료부족을 핑계 대며 "낙랑군이 대동강 유역에 있었다"라는 일제가 저들의 통치를 장기화하기 위해 만들어 놓은 식민사학의 논리를 근 70년 가까이 답습해 왔다.

　그러나 『사고전서』에는 한사군의 낙랑군이 대동강 유역이 아니라 하북성 동쪽, 내몽고 남쪽, 요녕성 서쪽 즉 중국의 요서지역에 있었다고 주장한 자료가 무려 수십 종에 달한다. 그동안 강단사학이 상고사 연구에서 그토록 강조해 온 사료의 빈곤은 그것이 사실이 아니라 구실에 지나지 않는다는 것을 이들 낙랑사료들이 여실히 입증한다고 하겠다.

이 책은 『사고전서』에서 낙랑과 관련된 자료를 발췌하여 역주한 것이다. 중복을 피하기 위해 비교적 사료적 가치가 높은 자료를 위주로 정선하여 번역과 주석을 하였고 독자의 이해를 돕기 위해 해설을 덧붙이고 출전을 설명하였다. 그리고 뒤에는 최근 언론에 보도된 낙랑논쟁 관련기사를 부록으로 실었다.

『사고전서』는 청나라 건륭(1736-1795) 연간에 학자 1000명을 동원해 10년에 걸쳐 청나라 이전 중국의 사료를 집대성한 그 규모가 세계에서 가장 큰 사료의 보고이다. 근 8만 권에 달하는 방대한 사료를 포함하고 있는 『사고전서』는 만리장성, 京杭운하와 함께 중국의 3대 기적으로 꼽힐만큼 그 학술적 가치가 높다.

그동안 『한단고기』를 비롯한 국내 사료를 바탕으로 식민사학에 물든 한국사의 오류를 비판하는 민족사학계의 외침을 강단사학은 위서논쟁을 유발시키고 실증사학을 내세우면서 외면해 왔다. 그러나 『사고전서』는 중국에서 국력을 기울여 편찬한 그 권위를 세계가 인정하는 정사사료다. 여기 인용된 낙랑사료들은 강단사학이 실증사학을 외치며 인용한 사료들보다 훨씬 더 실증적인 사료들이다.

이제 이 책의 고죽국 낙랑, 갈석 낙랑, 북평 낙랑, 요서 낙랑설 등을 통해 일제의 대동강 낙랑설이 진실이 아니고 허구임이 만천하에 드러나게 될 것이다. 일제가 터를 닦고 이병도사학이 그 기초 위에 쌓아 올린 식민사학의 공든 탑을 무너뜨리는 쇠망치가 되고, 일제가 우리역사의 척추 낙랑에 박아놓은 쇠말뚝을 뽑아버리는 끌과 도끼가 되리라 믿는다.

요즘 한국역사학계는 한사군의 낙랑문제로 논쟁이 뜨겁다.

오늘 다시 한사군의 낙랑논쟁이 불거진 이유는 무엇인가. 2012년 12월 31일 미 상원외교위원회의 '한반도 역사' 관련 보고서가 발간되었다. 여기 포함된 동북아역사재단의 중국 동북공정에 대한 반박 자료는 "漢나라는 고조선을 멸망시키고 한사군을 한반도 북부에 설치했다" "한사군의 중심지 낙랑군은 410년 동안 평양, 대동강 유역에 있었다?"라는 논지를 지도를 곁들여 설명하여 일제가 식민통치를 위해 조작한 주장들을 그대로 반복했다. 중국의 동북공정이 지닌 문제점과 오류를 지적하기는커녕 결과적으로 오히려 그것의 정당성을 뒷받침해주는 어이없는 꼴이 되고 말아 여론의 빈축을 샀다.

이번에는 또 동북아역사재단이 한국사를 세계에 알릴 목적으로 미국 하버드대 한국학연구소에 10억원을 지원해 올해 초 발간한 『한국고대사 속의 한사군』이라는 책에서 한사군의 한반도 북부 위치설 등 일제 식민사학이 주장한 대동강 낙랑설을 그대로 인정하고 있어 강한 비판 여론에 직면하게 된 것이다.

동북아역사재단은 중국의 동북공정이 발단이 되어 주변국의 역사왜곡에 대응하기 위해 출범한 국책연구기관이다. 이제 이 나라가 광복을 맞은 지도 70년이 다 되어간다. 그런데 아직도 일제 식민사학의 논리가 국책연구기관에 의해 대변되고 있다는 것은 일제가 한국사의 척추에 박아놓은 쇠말뚝의 뿌리가 얼마나 깊게 박혀 있는지 단적으로 반영한다고 하겠다.

본서는 이처럼 한국사학계에 한사군의 낙랑논쟁이 다시 불거진 지금 그 논쟁에 종지부를 찍기 위한 대안적 차원에서 편간된 것이다. 다만 서둘러 작업을 진행하는 과정에서 더러는 오류나 오역이 없지 않으리라는 것을 솔직히 시인하지 않을 수 없다. 江湖諸賢의 아낌없는 叱正을 바라마지 않는다.

　끝으로 이 책이 짧은 기간 내에 한 권의 책으로 엮어져 나오기까지 우리 역사 광복군들의 헌신적인 노력이 있었다. 그동안 편집과 교정을 맡아 수고해준 길성목 · 김수옥 · 조수미 님 그리고 오로지 이 나라 역사가 바로 서기를 바라는 일념으로 뒤에서 묵묵히 온갖 궂은 일을 도맡아 하는 성제스님 · 이철구 · 김정희 선생 등에게 이 자리를 빌어 진심으로 감사드린다.

2014년 5월 5일

中玄 沈伯綱

『사고전서』 사료로 보는 심백강의 낙랑관

樂浪郡은 서기전 108년 西漢 武帝가 衛滿朝鮮을 침략하여 설치한 漢四郡의 하나이다. 그런데 오늘날 낙랑군의 위치, 존속기간 등에 대하여 여러 가지 이설이 존재한다. 고조선의 영토를 분할하여 설치한 것이 한사군이므로 낙랑군이 어디에 있었는가에 따라서 고조선의 위치와 우리 고대사의 무대 범위가 결정된다.

1. 강단사학의 낙랑관

낙랑군에 대한 지금까지의 연구결과를 집약해보면 다음과 같은 두 가지로 정리된다. 하나는 낙랑군이 한반도의 평안남도 일대와 황해도 북단의 대동강 유역에 있었다고 보는 것으로 이러한 주장은 이병도 등으로 대표된다.

이병도는 「낙랑군고」 머리말에서 "낙랑군은 한무제 元封 3년 (서기전 108) 衛氏朝鮮의 수도 王險城(平壤)을 함락하던 해에 진번·임둔 二郡과 함께 설치되었는데 지금의 대동강 유역을 중심으로 하고 있었다"라고 서두를 꺼냈다. 그리고 결론 부분에서 "上述한 바를 간단히 묶어서 말하면, 낙랑군은 당초에 浿水(淸川江) 이남, 慈悲嶺 이상—지금의 평안남도 일대와 황해도 북단을 강역으로 삼아 조선현 등 11현을 통속하였다"라고 말하였다. (이병도, 「낙랑군고」 『한국고대사연구』 박영사, 1987.)

이기백은 "漢은 위만조선을 멸망시킨 그 해(B.C.108)에 위만조선의 판도 안에다 낙랑·진번·임둔의 세 郡을 두고, 그 다음 해(B.C.107)에 예의 땅에 현도군을 두어 소위 한의 4군이 성립되었다. 그 위치는 낙랑군이 대동강 유역의 고조선 지방, 진번군이 자비령 이남, 한강 이북의 옛 진번 지방, 임둔군이 함남의 옛 임둔 지방, 현도군이 압록강 중류, 동가강 유역의 예 지방이었던 것으로 생각된다"라고 말하여 이병도의 설을 계승하고 있는 것을 볼 수가 있다. (이기백, 「한의 군현」 『한국사신론』 일조각, 2005.)

이기동은 「漢의 郡縣 설치와 그 변천」이란 글에서 이러한 관점에 대해 보다 확신에 찬 어조로 다음과 같이 말하고 있다. "종래 4郡의 위치에 대하여는 학설이 구구하여 민족주의사가들 가운데는 이를 요동 혹은 요서 지방에서 구하려는 견해가 있어 왔으나 낙랑군이 대동강 유역의 고조선 지방, 진번군이 자비령 이남 한강 이북의 옛 진번 지방, 임둔군이 함남의 옛 임둔 지방, 현도군이 압록강 중류 동가강 유역의 예맥 땅에 설치된 것은 거의 확실하다고 생각된다." (이기동, 「성읍국가에서 연맹왕국으로」 『한국사강좌』 1, 고대편, 일조각, 2001.)

노태돈은 「낙랑군 조선현의 위치」 문제를 주제로 다루는 글에서 "낙랑군 조선현의 위치에 대해서 그간 평양 일대에 있었다는 설과 남만주 지역에 있었다고 보는 설이 견지되어 왔다"라고 전제한 뒤 "한대의 요동군이 오늘날의 요동 지역에 있었고, 그 속현인 서안평현이 압록강 하류 지역에 있었다면 자연 요동군의 동편에 있었던 낙랑군은 한반도의 서북부에 위치하였음이 분명해진다"라고 말하였다.
그리고 「燕·秦 장성의 동쪽 끝」이라는 주제로 논리를 전개함에 있어서도 역시 "연·진대의 장성의 東端에 대해선 그간 세 가지 견해가 견지되어 왔다. 즉 요동설·낙랑군 遂成縣설·요서설 등이다"라고 전제한 뒤 결론에서 "진 장성의 동단은『사기』·『한서』의 기록과 현전하는 장성유지를 통해 볼 때 요동설이 타당하다. 이렇듯 진장성이 요동에 이르렀다면 진·한의 요동군은 지금의 요동 지역에 있었던 것이 되며, 낙랑군은 자연 그 동쪽인 한반도 서북부 지역임이 분명해진다"라고 하였다. (노태돈,「고조선 중심지의 변천에 대한 연구」『단군과 고조선사』사계절, 2010.) 노태돈은 이병도·이기백의 '낙랑대동강'설을 계승하여 논리적으로 보다 체계화시킨 경우에 해당한다고 볼 수 있다.

李成珪의 다음 문장은 이러한 견해와 입장을 같이하고 있음을 보여준다. "대동강 유역 조선의 王城을 중심으로 설치되었던 낙랑군은 다소의 변동은 있었지만 313년 고구려에게 병합될 때까지 400여 년 간 중국의 郡縣으로서 존속하였다." (이성규,「중국 군현으로서의 낙랑」『낙랑문화연구』동북아역사재단, 2006.)

강단사학의 대동강 낙랑설과 견해를 달리하는 다른 하나의 주장은 낙랑군이 중국의 요동 또는 요서 지역에 있었다고 보는 것으로 신채호·정인보·리지린·윤내현 등의 관점이 여기에 해당한다.

2. 민족사학의 낙랑관

신채호는 衛滿이 건너온 浿水를 海城·蓋平 등지로 보면서 "漢武帝의 점령한 조선이 浿水 부근 위만의 故地인즉, 그 建置한 四郡만 三朝鮮의 國名·地名을 가져다가 요동군 내에 假設한 자"라고 하였다. (『조선상고사』, 단재신채호선생기념사업회, 1990, P. 160.)

정인보는 낙랑군의 누방현을 熱河의 朝陽으로, 수성현을 우북평의 驪成縣으로 그리고 浿水를 대능하로 간주하였다. (정인보,『조선사연구』상, 연세대학교출판부, 1983, pp. 166-167.)

리지린은 "만리장성의 동단이 오늘의 난하 하류 동쪽에 있는 갈석산이라는 판단이 사실과 부합된다고 본다"라고 하였다. 그리고 "만일 우리가 진 장성의 동단을 현 요서의 갈석산이라고 인정한다면 진·한대의 요수는 현 난하로 될 수밖에 없다"라고 말하였다. 따라서 그는 지금의 진황도시 갈석산 부근 灤河 유역에 낙랑군이 있었던 것으로 파악했다. (리지린,「낙랑설에 대하여」『고조선연구』과학원출판사, 1963, pp. 66-69.)

윤내현은 "지금의 평양 지역을 한사군의 낙랑군 지역으로 보아왔던 종래의 한국사학계의 통설은 오류였다"라고 밝혔다. 그리고 "서한의 무제가 기원전 108년에 위만조선을 멸망시키고 설치하였던 한사군은 지금의 중국 하북성 동북부에 있는 난하의 상류와 중류 및 갈석으로부터 요하에 이르는 지역에 위치하고 있었다"라고 말하여 리지린의 견해를 계승 발전시켰다. (윤내현,「한사군의 낙랑군과 평양의 낙랑」『한국고대사신론』일지사, 1986, p. 340.)

3.『사고전서』사료로 보는 심백강의 낙랑관

『사고전서』사료로 보는 한사군의 낙랑은 이병도·이기백 등으로 대표되는 강단사학의 대동강 낙랑설과 크게 다른 것은 물론, 신채호·정인보 등으로 상징되는 민족사학과도 그 관점에서 상당한 차이가 있는 것을 발견하게 된다.

예컨대 신채호는 浿水를 중국 요녕성의 海城·蓋平 등지로 보면서 한무제의 한사군을 패수 부근의 위만의 옛 땅인 요동군 내에 假設한 것으로 보았다. 그러나『사고전서』의 사료에 의하면 패수는 요녕성의 해성·개평 등지가 아니라 하북성 동쪽의 朝鮮河 즉 현재의 潮河의 다른 이름이었다. 따라서 한무제의 한사군은 하북성 조하 부근의 고조선 지역에 설치한 것으로 보는 것이 타당하다.

정인보는 낙랑군 遂成縣을 하북성 동쪽에 있던 우북평군의 驪成縣으로 간주했다. 驪成縣의 成자가 遂成縣의 成자와 동일하여 정인보가 이를 동일 지역으로 파악하는 단서가 되었는지 모른다. 그러나 이것은 수성현의 위치를 잘못 파악한 것이다.

일찍이 서한·동한시대에 우북평군 지역에 낙랑군 수성현이 설치된 사례는 찾아볼 수 없다. 현재 하북성 남쪽 보정시 서수현에 遂成鎭이 있다. 이곳은 전국시대 연나라 남쪽 지역에 위치하여 남쪽으로는 조나라와 그리고 동쪽으로는 고조선과 국경선을 마주하고 있었던 곳이다. 그러나 삼국의 변경에 위치한 수성현은 수시로 소유권이 바뀌었다.『사고전서』사료에 의하면 이곳이 서한시대에는 낙랑군 25개현 중의 하나였던 수성현 지역이다. 전국시대에는 연나라와 국경을 마주하고 있던 고조선의 서쪽 최 전방이기도 하였다.

리지린은 만리장성의 동쪽 끝이 오늘의 난하 하류 동쪽에 있는 갈석산이라고 생각했다. 그리고 그는 지금의 하북성 진황도시 갈석산 부근 난하유역에 낙랑군이 있었던 것으로 파악했다. 그러나 리지린은 만리장성 동쪽 끝과 갈석산의 위치에 대해 모두 오류를 범했다.

『사고전서』사료에 의하면 한나라 이전 고대의 갈석산은 雁門山과 함께 하북성 남쪽 오늘의 보정시 易縣 부근, 滹沱河 북쪽에 있었고 진시황이 쌓은 만리장성은 호타하 북쪽의 갈석산이 있던 낙랑군 수성현, 현재의 서수현 수성진에 그 기점이 있었다.
지금 난하하류 동쪽 진황도시 창려현에 있는 갈석산은 서한 말에 왕망이 비로소 揭石山이라고 이름을 지었으며 전국시대에는 여기에 갈석산은 존재하지 않았다. 이는 서한 무제가 설치한 낙랑군 25개현 중의 하나로 포함된 수성현에 있던 갈석산이 아니라 그 시기로부터 몇 백년 지난 뒤에 왕망이 게석산이라고 명명한 산인 것이다. 그런데 뒤에 중국의 사가들이 이 산을 갈석산으로 비정하면서 원래 하북성 남쪽 호타하 북쪽에 있던 갈석산이 이쪽 으로 옮겨오게 된 것이다. 따라서 현재의 창려현 갈석산은 전국시대, 서한시대의 갈석산이 아니라 동한시대 이후에 게석산으로 출발해서 뒤에 갈석산으로 이름이 바뀐 다음 당송시대를 거치면서 줄곧 갈석산으로 행세해온 산인 것이다.

그리고 난하하류 창려현에 있는 갈석산은 거기에 장성이 있는 것은 사실이다. 그러나 산해관에서 북경에 걸쳐 쌓은 그 장성은 명나라 때 쌓은 명나라 장성이지 진시황 때 쌓은 만리장성은 아니다. 따라서 창려현 갈석산이 만리장성 동단이 될 수는 없다. 그러면 만리장성의 동단은 어디인가. 『사고전서』 사료에 의하면 낙랑군 수성현에 만리장성의 출발점이 있다고 기록되어 있는데 현재의 하북성 서수현 수성진에는 연나라 때의 古長城이 있어 중점문물로 지정 보호되고 있다.

진시황의 만리장성은 천하를 통일한 뒤에 여러 나라의 장성을 연결하여 쌓은 것이다. 그런데 진나라가 통일한 동방의 6국 중에 연나라가 가장 동쪽에 있었고 수성현은 또 연나라에서도 더 동쪽지역에 위치하였다. 그래서 낙랑군 수성현 즉 지금의 하북성 보정시 서수현 수성진이 만리장성의 동단, 즉 만리장성의 동쪽 끝이 되게 된 것이다.

그리고 윤내현은 낙랑군의 위치에 대하여 "지금의 중국 하북성 동북부에 있는 난하의 상류와 중류 및 갈석으로부터 요하에 이르는 지역에 위치하고 있었다"라고 하였는데 윤내현 역시 낙랑군의 위치에 대한 비정에서 오류를 범하고 있다.

『사고전서』 사료에 의하면 낙랑군은 윤내현의 말대로 오늘의 하북성 난하의 상류와 중류 및 창려현 갈석으로부터 동쪽으로 요녕성 요하에 이르는 지역에 낙랑군이 위치하고 있었던 것이 아니라 난하 중류·하류 유역으로부터 서쪽으로 하북성 남쪽 역수 유역의 갈석산 부근에 이르는 지역에 발해를 끼고 펼쳐져 있었던 것이다.

『사고전서』사료에 의거하면 한국사를 반도사로 왜곡한 일제 식민사학의 대동강 낙랑설은 더 이상 재론의 여지가 없지만 민족사학이 주장해온 요서·요동 낙랑설 또한 정확성 면에서 볼 때 문제의 소지가 없지 않은 것이다. 그러면 강단사학뿐만 아니라 민족사학조차도 낙랑에 대해 이처럼 정확도가 떨어진 잘못된 주장을 반복해온 원인이 어디에 있는가. 그것은『사고전서』와 같은 방대한 정사사료가 뒷받침되지 않은 상태에서 제한된 사료를 가지고 상고사를 연구한 결과에서 기인된 것이라고 본다. 신채호·정인보 같은 한문에 조예가 깊었던 훌륭한 학자들이 일찍이 살아생전에『사고전서』같은 사료의 보고를 접할 수 있는 기회가 있었더라면 한국사의 방향은 오늘날과는 전혀 다른 방향으로 전개되었을 것이다.

4.『사고전서』이후의 한국사학

한국사 연구는『사고전서』이전과 그 이후가 확연히 다르게 될 것이다. 갈석산, 낙랑군 수성현, 고조선의 서쪽변경, 만리장성 동단, 이런 문제들은 한국사의 향방을 결정짓는 중대한 요소들이다. 그러나 그동안 이런 난제들을 시원하게 풀어줄 사료는 드물었다. 그런데 여기에 중국의 정사사료를 가지고 해답을 제시해 주는 것이 바로『사고전서』이다. 동한시대 이전의 갈석산은 하북성 창려현이 아니라 하북성 남쪽 호타하 북쪽에 있었고 오늘의 창려현 갈석산은 원래의 갈석산이 아니라 게석산이었으며 이것이 동한시대 이후 중국의 사가들에 의해 갈석산으로 둔갑한 사실, 또 오늘 하북성 동쪽에 있는 潮河가 원래는 고조선의 조선하였던 사실, 고조선과 낙랑군의 서쪽변경이 하북성 남쪽 호타하 북쪽에 있는 갈석산 부근이었던 사실 등을 『사고전서』사료가 아니면 무엇으로 그것을 증명할 방도가 있겠는가. 우리의 『삼국사기』・『삼국유사』그리고 『한단고기』만으로는 이런 것을 객관적 실증적으로 밝혀내기에는 한계가 있는 것이다.

민족사학이 제시하는 요서・요동 낙랑설이 논리나 사료의 면에서 정확성이 떨어지다 보니 일제 식민사학이 주장하는 대동강 낙랑설이 깨지지 않은 채 100년을 버텨 왔다. 그러나 『사고전서』의 출현을 계기로 이들 대동강 낙랑설을 계승하여 학계의 주류를 형성해 온 이병도 중심의 강단사학파는 이제 그 막을 내리고 한국사학은 새로운 전기를 맞게 될 것이다.

5. 『사고전서』학파의 출현을 기대한다.

현재 한국사학은 크게 강단사학과 재야사학으로 분류된다. 재야사학은 이들이 연구에서 주로 근거로 삼는 자료는 『한단고기』이다. 그러나 『한단고기』는 중국이나 일본에는 없고 한국에만 있는 책이다. 따라서 국제적으로 그 권위를 인정받는 데 한계가 있다. 또 그 책이 출현한 시기가 100년을 넘지 않으므로 여기에 대해서도 말이 많아 고대사서로서의 공신력을 확보하는 데 어려움이 있다.

그동안 재야사학은 민족사학을 이어서 이병도 사학의 대동강 낙랑설을 꾸준히 비판해 왔다. 그러나 광복 70년 세월이 흐른 지금 아직도 이병도 사학은 무너지지 않고 건재하고 있다. 그 이유가 과연 무엇인가. 그것은 이병도 사학을 뒤집을 수 있는 결정적인 실증 사료가 없었기 때문이다. 재야사학은 『한단고기』를 바탕으로 강단사학의 오류를 지적했지만 저들은 여기에 위서논쟁을 유발시키며 버텼고 오히려 유사사학으로 재야사학을 매도했다. 그런데 재야사학은 뿌리가 깊고 거대한 저들 강단

세력을 상대로 대응하기에는 너무나 무력했다. 한마디로 계란으로 바위를 치기나 다름이 없었다. 그러나 이제는 상황이 전혀 다르다고 본다. 『사고전서』 사료는 동양 삼국이 공히 인정하는 정사사료로서 이는 저들이 실증사학으로 내세우는 사료들보다도 더 실증적이기 때문이다.

이제 『사고전서』 사료를 바탕으로 한국사를 바로 세운다면 한국사 상의 미해결의 장으로 남아 있던 여러 난제들의 해결이 얼마든지 가능하다. 예컨대 한사군의 낙랑, 고조선의 발상지와 강역, 북부여와 동부여사 등에 대해 어렵지 않게 그 해답을 찾을 수 있다. 그리고 한·중 양국이 대립각을 보이고 있는 만리장성의 동단, 고구려의 당나라 지방정권·소수민족 문제 등의 현안들도 우의를 손상시키지 않으면서 하나하나 손쉽게 실마리를 풀어나갈 수 있다. 즉 『사고전서』는 한국사의 새로운 정립, 중국의 동북공정의 대응, 일제 식민사학의 해체라는 세 가지 난제를 동시에 해결해 주는 그 야말로 일석삼조의 효과를 가져다주게 될 것이다.

역사가 바로 서야 나라가 바로 선다. 오늘 한국의 세월호 참사는 근시안적 황금만능주의가 불러온 참사다. 우리 국민의 역사의식의 결여와 철학의 빈곤이 그 근본 원인이다. 그러면 어떻게 이 나라에 바른역사를 다시 세울 것인가. 그 답이 『사고전서』 안에 들어 있다. 강단사학과 재야사학을 넘어 새로운 『사고전서』 학파를 형성하는 일, 그것이 오늘 한국사학이 바로 서는 길이다. 그런 날이 하루속히 오기를 기대한다.

차 례

낙랑은 한국사의 척추다!　　　　　　　　　4
『사고전서』 사료로 보는 심백강의 낙랑관　　8

제1장 갈석 낙랑 碣石 樂浪
『前漢書』 권64 하 「賈捐之傳」　　　　　　23

제2장 고죽국 낙랑 孤竹國 樂浪
『畿輔通志』 권115 「弔夷齊賦」　　　　　　41

제3장 영평부 낙랑 永平府 樂浪
『大明一統志』 권5 「永平府」　　　　　　　55

제4장 노룡 낙랑 盧龍 樂浪
『路史』 권27 「朝鮮」　　　　　　　　　　65

제5장 요수 낙랑 遼水 樂浪
『武經總要』「前集」권16 하 〈番介有名山川〉   77

제6장 평주 낙랑 平州 樂浪
『通鑑地理通釋』권10「遼東」   93

제7장 평주 낙랑 平州 樂浪
『大事記續編』권24   103

제8장 극성 낙랑 棘城 樂浪
『十六國春秋』권31「鞠殷」   117

제9장 상곡군 낙랑 上谷郡 樂浪
『隋書』권30「地理」중〈上谷郡〉   127

제10장 요서 낙랑 遼西 樂浪
『太平寰宇記』권172 하「朝鮮」   141

제11장 요서 낙랑 遼西 樂浪
『資治通鑑』 권96 「晉紀」 18 〈顯宗成皇帝中〉 하   151

제12장 요서 낙랑 遼西 樂浪
『明一統志』 권25 「萊州府」   163

제13장 요동 낙랑 遼東 樂浪
『後漢書』 권1 하 「光武帝紀」 제1 하   187

제14장 요동 낙랑 遼東 樂浪
『後漢書』 권82 「崔駰列傳」   195

제15장 청주 낙랑 靑州 樂浪
『通典』 권180 「州郡」 〈古靑州〉   205

제16장 요동 낙랑 遼東 樂浪
『通典』 권180 「州郡」 〈古靑州 安東府〉   229

제17장 연동 낙랑 燕東 樂浪
『史記正義』「論例諡法解列國分野」   241

제18장 청주 낙랑 靑州 樂浪
『禹貢長箋』권3   257

제19장 귀주 낙랑 貴州 樂浪
『武經總要』「前集」권16 하〈戎狄舊地〉   271

제20장 단궁 낙랑 檀弓 樂浪
『太平寰宇記』권172 하「朝鮮」〈濊國〉   279

부록 낙랑 논쟁 관련 기사   291

제 1 장
갈석 낙랑
碣石 樂浪

> 자료 역문

『前漢書』권 64 하「賈捐之[1]傳」

……孝武皇帝 元狩 6년(117)에 이르러 太倉의 곡식은 붉게 썩어서 먹을 수가 없었고 師古는 말하기를, "곡식이 오래되어 부패하면 색깔이 붉어진다"라고 하였다. ○劉奉世는 말하기를, "元狩 말년에 漢나라가 匈奴를 정벌함으로 인해서 말이 부족하여 다시 出征할 수가 없었다. 賈捐之가 여기서 이렇게 말한 것은 아마도 오류일 것이다. 혹시 建元(서기전 140~서기전 135)을 元狩로 오인한 것인지도 모르겠다"라고 하였다. 都內의 돈은 꾸러미를 꿴 끈이 노후하여 숫자를 계산할 수가 없었습니다.

---

[1] 賈捐之: 漢나라 사람으로 賈誼의 曾孫이고 字는 君房이다. 漢元帝 때 南方의 珠厓郡을 공격하는 일이 부당함을 적극 주장하였고 元帝는 賈捐之의 건의를 받아들여 珠厓郡을 공격하지 않고 폐기하였다. 賈捐之는 그 뒤에도 임금으로부터 여러 차례 부름을 받아 그의 건의가 많이 채용되었다. 당시에 中書令 石顯이 실권을 행사하고 있었는데 賈捐之가 자주 그의 단점을 거론하니 그래서 벼슬을 얻지 못하였다. 뒤에 결국 하옥되어 처형되었다.

師古는 말하기를, "校는 數字를 계산하는 것을 말한다"라고 하였다. 이에 平城[2]의 일을 탐색하고 師古는 말하기를, "그 일을 追計한 것이기 때문에 探이라고 말하였다"라고 하였다. 冒頓 이래로 자주 변방에 피해를 입힌 일을 기록한 다음 兵士를 징집하고 무기를 손질하여 富民[3]들의 도움으로 인해서 저들을 굴복시켰습니다.

---

2) 平城: 지금의 山西省 大同市 동쪽에 있었다. 서기전 2,000년에 劉邦이 군대를 인솔하고 匈奴의 공격에 나섰는데 그때 마침 겨울이라 눈보라가 몰아쳤고 또 그 해에 몹시 추워서 10분지 9에 달하는 병사들이 모두 손가락에 동상이 걸렸다. 그때 匈奴의 수령 冒頓單于는 패배를 위장하기 위해 자신의 정예부대는 숨기고 老弱病殘한 병사들의 모습을 보여주며 漢兵의 추격을 유인하였다.
　　高祖는 여기에 감쪽같이 속아 步兵을 위주로 한 전부 32만의 步兵을 인솔하고 북쪽으로 匈奴를 추격했는데 高祖가 먼저 지금 山西省 大同市 동쪽에 있는 平城에 당도했고 후미에 뒤쳐진 步兵은 아직 일제히 도착하지 못한 상황이었다.
　　그런데 冒頓單于가 精騎 40만 명을 보내 平城 동쪽에 있는 白登山에서 高祖를 포위했다. 7일 동안을 군량미도 조달되지 않는 상황에서 포위에 갇혀 지낸 漢軍은 정세가 몹시 위급했다. 高祖는 陳平의 계략을 받아들여 몰래 使者를 파견하여 冒頓의 부인 閼氏에게 禮物을 후하게 주고 도움을 요청했다. 冒頓은 閼氏의 건의를 받아들여 劉邦이 빠져나갈 수 있도록 포위망의 한쪽 길을 터주었고 劉邦은 결국 거기서 탈출, 大軍과 會合하여 위기를 면할 수 있었다. 劉邦은 그 이후 匈奴에 대한 공격을 포기하고 유화정책으로 바꾸게 되었는데 漢武帝 시기에 이르러 국력의 신장을 바탕으로 漢高祖가 平城에서 당했던 수치를 씻고자 시도했던 것이다.

3) 富民: 富民은 경제적으로 능력이 있는 부유한 백성들을 의미하는 것으로 漢武帝는 막대하게 소요되는 군사비용을 그들로부터 지원받아 匈奴를 격멸할 수 있었을 것이다.

師古는 말하기를, "攘은 却이다"라고 하였다. 宋祁는 말하기를, 어떤 本에는 "籍兵厲馬"로 되어 있는데 越本에는 "籍厲兵馬로 되어 있다"라고 하였다. 서쪽으로는 여러 나라와 연대하여 安息[4]에 이르렀고 동쪽으로는 碣石을 지나 玄菟·樂浪으로써 郡을 삼았습니다. 師古는 말하기를, "樂의 音은 洛이고 浪의 音은 郎이다"라고 하였다.

　북쪽으로는 匈奴를 萬里를 퇴각시켜 다시 營塞를 일으켰고, 남쪽 바다에 있는 섬들을 제압하여 8郡[5]으로 만들었으니 천하의 죄수는 수만 명에 달했고 백성의 賦稅는 數百이 되었습니다. 鹽·鐵·酒榷[6]의 이로움을 만들어서 用度를 보탰지만 오히려 부족했습니다.……

---

4) 安息: 이란 高原에 있던 古代 國家. 서기전 247년에 건국되었으며 開國한 君主는 阿爾撒息이다.

5) 8郡: 漢武帝는 元昇 6년에 南越지역을 평정하여 儋耳·珠厓·南海·蒼梧·鬱林·合浦·交趾·九眞·日南 등 郡을 설치했다.

6) 酒榷: 고대에 정부에서 시행하던 酒類專賣制度를 말한다. 또한 국가에서 일체의 酒業으로 취득하는 酒利를 통제하는 조치를 가리키기도 한다. 오늘날도 국가의 담배 전매제도가 시행되고 있지만 고대 사회에서 酒稅의 수입은 국가의 중요한 수입원이 되었다.

자료 원문

史部/正史類/前漢書/卷六十四下

……至孝武皇帝元狩六年 太倉之粟 紅腐而不可食 師古曰 粟久腐壞 則色紅赤也 ○劉奉世曰 元狩末 漢以伐匈奴 馬少 不復出征矣 捐之之云 蓋其誤也 或者 誤以建元 為元狩歟 都內之錢 貫朽而不可校 師古曰 校謂數計也 迺探平城之事 師古曰 追計其事 故言探 錄冒頓以來 數為邊害 籍兵厲馬 因富民以攘服之 師古曰 攘却也 ○宋祁曰 一作籍兵厲馬 越本 作籍厲兵馬 西連諸國 至于安息 東過碣石 以玄菟樂浪為郡 師古曰 樂音洛 浪音郎 北郤匈奴萬里 更起營塞 制南海 以為八郡 則天下斷獄萬數 民賦數百 造鹽鐵酒榷之利 以佐用度 猶不能足……

| 자료 해설 |

    서기전 110년 漢武帝가 오늘날의 海南島 일대를 정벌하여 儋耳·珠厓郡 등을 설치했는데, 그 뒤에 이들의 반란이 잦아지자 昭帝 때에 儋耳郡을 폐지하고 珠厓郡에 통합시켰다.
    漢元帝 시대에 이르러 또 珠厓郡의 반란이 계속되자 조정에서는 군사를 발동하여 대대적인 공격을 가하자는 논의가 일어났다. 이 때 賈捐之가 나서서 공격의 부당성을 적극 제시했는데, 이 자료는 바로 元帝가 侍中 駙馬都尉 樂昌侯 王商으로 하여금 珠厓 공격의 부당성을 주장하는 이유를 賈捐之에게 질문하도록 하였을 때 賈捐之가 거기에 대해 답변한 내용 중의 일부이다.
    賈捐之는 여기서 漢武帝가 튼튼한 국력을 바탕으로 漢의 강역을 사방으로 확장시킨 사실을 설명하면서 동쪽으로 朝鮮을 평정하여 玄菟·樂浪郡을 설치한 내용을 언급하였다. 그런데 우리가 여기서 주목하는 부분은 한무제가 "동쪽으로 碣石을 지나 玄菟·樂浪으로써 郡을 삼았다"라고 말하고 있는 점이다.

    중국 역사상에 보이는 갈석산은 두 개가 있다. 하나는 하북성 동쪽 진황도시 창려현에 있는 갈석산이고, 다른 하나는 하북성 남쪽 호타하 부근에 있던 갈석산이다.

『晉太康地理志』에는 "樂浪郡 遂城縣에 碣石山이 있다"라고 나온다. 이것은 西晉 시기에는 樂浪郡에 遂城縣이 있고 遂城縣에 碣石山이 있었다는 것을 가리킨다.

그런데 隋唐 이후의 많은 자료들은 수성현이 아닌 지금의 하북성 盧龍縣에 碣石山이 있다고 하였다. 예컨대『隋書』「지리지」〈北平郡 盧龍縣〉條에서 "有碣石" 즉 "여기에 碣石山이 있다"라고 말하였다.

唐 杜佑의『通典』에서는「北平郡」〈平州 盧龍縣〉條에서 "碣石山이 있다"라고 하였고, 宋의『太平寰宇記』역시「平州」〈盧龍縣〉條에서 "碣石山이 있다"라고 소개하고 있다. 그러나 北平郡이나 平州에는 역사적으로 遂城縣이 설치된 사례가 없다.

따라서 隋唐 이후 盧龍縣에 있던 碣石山은 西晉시대 樂浪郡 소속현 중의 하나인 遂城縣에 있던 碣石山과는 다른 碣石山이라는 것을 알 수 있다. 그러면 옛 樂浪郡 遂城縣 지역으로 여겨지는 현재의 하북성 保定市 徐水縣 遂城鎭에는 과연 碣石山이 있는가.

여기에는 수당시대 이후의 盧龍 碣石이 아닌 그 이전의 遂城 碣石이 있었다고 본다. 이것이 原碣石이고 지금의 진황도시 盧龍縣 부근에 있는 碣石은 後碣石이며, 이것이『서경』에서 말한 右碣石이고

盧龍 碣石은 고구려의 옛 국경에 있던 左碣石이라고 여긴다.

현재의 徐水縣 遂城鎭에 있던 碣石이 盧龍縣 碣石과 다른 원래의 갈석이라는 것을 무엇으로 증명할 수 있는가. 전국시대 종횡가의 대표적인 인물인 蘇秦은 燕의 文侯를 만나서 이렇게 말하였다.

"燕나라가 동쪽에는 朝鮮·遼東이 있고 북쪽에는 林胡·樓煩이 있고 서쪽에는 雲中·九原이 있고 남쪽에는 滹沱·易水가 있는데 지방이 2,000리쯤 된다.(燕東有朝鮮遼東 北有林胡樓煩 西有雲中九原 南有滹沱易水 地方二千里)"

그리고 이어서 蘇秦은 다음과 같이 말하였다.
"燕나라가 남쪽으로는 碣石·雁門의 풍요로움이 있고 북쪽으로는 대추와 밤의 수익이 있으므로 백성들이 비록 경작을 하지 않더라도 대추와 밤의 수익만 가지고도 충분할 것이니 이곳이야말로 소위 말하는 천혜의 땅이다.(南有碣石雁門之饒 北有棗栗之利 民雖不佃作 而足於棗栗矣 此所謂天府者也)"

이는 전국시대 종횡가 蘇秦이 燕나라 文侯에게 한 말로서『史記』권69「蘇秦列傳」과 권29「燕1」에 모두 기재되어 있다.

그런데 우리는 여기서 전국시대 연나라와 관련된 아주 중요한 정보를 얻을 수 있다. 즉 당시 燕의 강역이 오늘날의 어느 지역에 해당하는지를 파악하는 데 매우 중요한 도움을 얻을 수 있는 것이다. 여기서 "南有滹沱易水"는 당시 연나라의 남쪽변경에 滹沱河와 易水가 있었던 것을 말하는데 이 호타하와 역수는 지금도 중국 지도상에서 그 지명을 찾아볼 수가 있다. 호타하는 하북성 保定市 남쪽에 있고 역수는 易縣 부근에 위치하고 있다.

그리고 蘇秦은 이런 말도 곁들여서 하고 있다. "호타하를 건너고 역수를 건너서 4·5일을 넘기지 않아 國都에 도달할 수 있게 된다.(渡水滹沱河涉易水 不至四五日 而距國都矣)"

이는 燕의 수도에서 남쪽으로 4~5일이면 당도하는 거리에 滹沱河와 易水가 위치하고 있었던 것을 말해준다. 아마도 易水와 滹沱河가 燕나라와 趙나라의 사이에 놓인 국경선이었을 가능성이 높다. 그런데 우리는 여기서 소진의 다음 말에 주목할 필요가 있다고 본다.

"남쪽에 갈석과 안문의 풍요로움이 있다.(南有碣石雁門之饒)" 滹沱河와 易水가 燕과 趙의 국경선 부근에 위치해 있었다면 碣石과 雁門은 滹沱河와 易水 유역 부근에 위치한 燕나라 남쪽 강토가 확실한데 여기서 雁門은 山西省 북쪽에 있던 안문산을 가리킨다.

『산해경』의 「해내서경」에서 안문산에 대해 설명한 것을 살펴 보면, "안문산은 기러기가 그 곳에서 나오는데 고류의 북쪽에 위치하고 있고 고류는 代의 북쪽에 있다.(雁門山 雁出其間 在高柳北 高柳在代北)"라고 하였다. 여기서 代는 고대의 代國·代郡이 있던 지역을 가리키는 것으로 지금도 산서성 태원시 북쪽에 그 후신인

代縣이 존재하고 있고 대현에는 만리장성의 관문 중에 가장 중요한 관문으로서 "天下九塞 雁門爲首"로 이름을 떨치던 雁門關이 위용을 자랑하며 우뚝하게 서 있다.

燕나라 남쪽의 滹沱河·易水 유역 부근에 있던 산으로서 안문산과 함께 거명된 이 碣石은 하북성 진황도시 노룡현에 있던 갈석산과는 같은 갈석산이 될 수가 없다.

우리는 소진이 연나라 文侯와 만나 나눈 이 대화를 통해서 전국시대에 갈석산이 오늘날의 하북성 남쪽 滹沱河·易縣 부근에 있었다는 확실한 증거를 확보하게 되는 것이다.

갈석산은『산해경』「북산경」과『尙書』「禹貢」에 그 이름이 등장하는 것으로 미루어 보아 상고시대부터 있어온 산임을 알 수 있다. 그런데 당송시대의 노룡현, 현재의 창려현에 있는 갈석산은 그 산 이름이 본래는 갈석산이 아니라 揭石山이었다.

게석산에 관한 기록은 班固의『漢書』「地理志」에 최초로 나오는데, 거기 右北平郡 驪城縣 條에 "대게석산이 현의 서남쪽에 있는데 왕망이 이를 게석산이라 하였다.(大揭石山 在縣西南 莽曰揭石)"라고 적혀 있다.

당나라 杜佑의『통전』에 의하면 진한시대 우북평군은 晉나라 때 요서군으로 되었고, 수당시대에 북평군으로 변경되었으며, 군청

소재지가 노룡현에 있었다. 게석산은 본래는 노룡현에 있었는데 뒤에 행정 구역의 개편에 따라 창려현으로 소속이 바뀌게 되었다.

이는 현재 창려현에 있는 갈석산은 왕망이 처음에 게석산이라고 이름을 붙였으며 따라서 창려현 갈석산은 왕망 이후에 생긴 산 이름이고 전국시대에 소진이 연나라 문후에게 갈석산을 말할 때는 지구 상에 존재하지 않았음을 말해준다.

그런데 뒤에 동한 말년에 文穎이라는 사람이 『한서』「무제기」에 나오는 갈석산에 대해 주석을 내면서 게석산을 갈석산으로 해석하였고, 그것이 시발이 되어 이후 중국의 많은 역대 사가들은 이를 근거로 게석산을 갈석산으로 간주함으로써 게석산이 갈석산으로 둔갑하는 사태가 벌어지게 되었다.

그러니까 수·당 이후에 갈석산은 하북성 동쪽의 노룡 갈석, 현재의 창려 갈석으로 옮겨오고 하북성 남쪽 滹沱河 유역 부근에 있는 雁門山과 함께 거명되었던 소진이 말한 전국시대 연나라의 碣石山은 자취를 감추고 사라지게 된 것이다.

그러나 소진이 燕나라 문후를 만나 "연나라 남쪽에 碣石·雁門의 풍요로움이 있다"라는 말을 남긴 이상 하북성 남쪽 호타하 역수 부근에 갈석산이 있었다는 사실은 숨길 수는 없는 진실이라고 하겠다.
그러면 한무제가 동쪽으로 갈석산을 지나서 현도·낙랑군을 설치했다는 그 갈석산은 과연 어떤 갈석산일까. 진황도시 창려현 갈석산은 서한 말엽 新王朝의 왕망시대에 처음에는 게석산이란 이름으로 출발했다가 수당시대에 이르러 갈석산으로 이름이 변경된 산이므로 한무제 시대엔 이 갈석산은 존재하지 않았던 산이다.

따라서 한무제가 지나갔던 갈석산은 현재의 하북성 동쪽 창려현에 있는 갈석산이 아니라 하북성 남쪽 호타하 부근에 있던 전국시대 종횡가 소진이 말한 갈석산이 틀림없다.

여기서 우리는 漢武帝가 당시에 설치한 玄菟·樂浪郡은 바로 하북성 남쪽 호타하 유역에 위치한 갈석산을 중심으로 그 동쪽에 설치되었다는 사실을 확신할 수 있다고 하겠다.

그동안 많은 학자들은 漢武帝가 설치한 樂浪郡이 한반도 대동강 유역 平壤市 일대에 있었다고 인식해 왔다. 그러나 그것은 역사사실과 부합되지 않는다.

대동강 유역은 하북성 남쪽 호타하 부근의 갈석산은 물론 하북성 동쪽의 昌黎縣 갈석산에서도 수천 리 떨어진 곳에 위치하고 있다.

그 중간에는 醫巫閭山·白頭山 등 여러 유명한 산들이 있고 또 潮河·灤河·大凌河·遼河·鴨綠江 등 여러 큰 강들이 있다. 漢武帝가 만일 대동강 유역에 樂浪郡을 설치하였다면 수천 리 밖에 있는 碣石山을 특징적인 산으로 들어 설명하지 않고 白頭山을 지나서 玄菟·樂浪을 설치했다거나 鴨綠江을 지나서 玄菟·樂浪을 설치했다고 말하는 것이 합리적일 것이다.

대동강 유역에 玄菟·樂浪郡을 설치하면서 이 지역에서 가장 특징적인 산인 白頭山을 거명하지 않고 하북성 남쪽에 있는 碣石山을 들어 말한다는 것은 도저히 상식적으로 있을 수 없는 일인 것이다.

漢武帝가 오늘의 한반도 대동강 유역에 樂浪郡을 설치하였다면 한반도 북부 일대에서 白頭山이 가장 특징적인 산이므로 "동쪽으로 白頭山을 지나서 玄菟·樂浪郡을 설치했다"라고 말했을 것이고, 오늘의 遼寧省 지역에 玄菟·樂浪郡을 설치했다면 요녕성 일대에서는 가장 특징적인 산이 醫巫閭山이므로 "동쪽으로 醫巫閭山을 지나서 玄菟·樂浪郡을 설치했다"라고 말했을 것이다.

그런데 요녕의 醫巫閭山도 아니고 한반도 북부의 白頭山도 아닌 하북성 남쪽의 碣石山을 지나서 玄菟·樂浪郡을 설치했다고 말했다. 그런데 이때 漢武帝가 설치한 樂浪郡이 어떻게 대동강 유역의 樂浪郡이 될 수가 있겠는가.

만일 漢武帝가 대동강 유역에 樂浪郡을 설치한 것이 역사적인 사실이라면 賈捐之가 여기서 말한 "동쪽으로 碣石山을 지나서 玄菟·樂浪郡을 설치했다"라는 기록은 오류였다고 주장할 수도 있을 것이다. 즉 그가 漢武帝가 압록강을 건너 朝鮮을 평정한 사실을 제대로 고증을 거치지 않은 채 碣石山을 지나서 玄菟·樂浪을 설치했다고 잘못 말한 것으로 받아들일 수도 있는 것이다. 그러나

이 기록을 사실이 아닌 오기로 보기에는 그것을 입증할 만한 논거가 너무나 빈약하다.

예를 들어 이 말을 한 당사자가 漢武帝가 樂浪郡을 설치한 지 500년 또는 1,000년 뒤의 사람이라면 그간의 역사 사실을 고증하는 데 착오가 발생할 수도 있다. 그러나 漢武帝가 海南島에 珠厓郡을 설치한 것은 서기전 110년이고 漢元帝 初元 원년 즉 서기전 48년에 이르러 珠厓가 반란을 일으키자 공격해서 이를 평정했고, 이들이 다시 반란을 일으키자 조정에서 대대적인 공격을 위한 준비를 서두르던 차에 賈捐之가 제시하는 공격의 부당성에 대한 논리를 받아들여 珠厓郡의 폐기를 결정한 것이 漢元帝 黃龍 3년 즉 서기전 46년이다.

漢武帝가 남쪽으로 海南을 정벌하여 珠厓 등의 郡을 설치한 것이 서기전 110년이고 동쪽으로 朝鮮을 평정하여 玄菟·樂浪 등의 郡을 설치한 것이 그 2년 뒤인 서기전 108년이다.
그렇다면 賈捐之가 漢武帝가 "동쪽으로 碣石山을 지나서 玄菟·樂浪으로써 郡을 삼았다"라고 말한 것은 武帝가 樂浪郡을 설치한 지 불과 50여 년 뒤의 일이 된다.
대동강 유역과 碣石山은 공간적으로 수천 리가 떨어져 있다. 시간적으로 불과 50여 년 전의 일을 말하면서 이런 큰 착오를 범할 수는 없는 일이다. 또 賈捐之는 漢元帝가 그의 건의를 받아들여 漢武帝가 설치한 珠厓郡을 폐기할 정도로 비중 있는 인물이었다. 이런 비중 있는 인물이 개인적인 사사로운 저술이 아닌 황제에게 올리는 정중한 글에서 이런 엄청난 실수를 저지른다는 것은 상상하기 힘들다.

또 이 기록이 잘못되었다면『前漢書』를 편찬할 때「賈捐之傳」을 쓰면서 東漢의 班固가 수정했을 것이고 班固가 수정하지 않았다면 唐의 顔師古가『漢書』의 주석을 내면서 이 기록의 오류를 지적했을 것이다. 그러나 班固도 顔師古도 賈捐之의 이 기록이 잘못되었다는 사실을 언급한 적이 없다.

서기전 108년에 漢武帝가 衛滿朝鮮을 침략하여 한반도 북부인 대동강 유역에 漢四郡의 낙랑군을 설치했다고 주장해온 사대·식민사관적 논리들은 전혀 근거가 없는 역사왜곡일 뿐이다. 그런데 이런 엉터리 논리가 시정되기는커녕 오늘 우리 역사학계의 공식입장을 대변하는 통설이 되어 있다는 것은 민족적 비극이라고 아니할 수 없다.

자료 출전

『前漢書』

『前漢書』는 『漢書』라고도 한다. 東漢시기의 역사학자 班固(32~92)가 편찬한 중국 최초의 紀傳體 斷代史이다. 『史記』・『後漢書』・『三國志』와 함께 "前四史"로 일컬어진다.

『前漢書』에는 위로 西漢의 高祖 원년(서기전 206)으로부터 시작해서 아래로 新朝의 王莽 地皇 4년(23)에 이르기까지 230년의 역사가 담겨 있다. 「紀」 12편, 「表」 8편, 「志」 10편, 「傳」 70편을 포괄하여 모두 100편으로 구성되어 있다.

뒤에 唐代에 이르러 顔師古가 篇幅이 비교적 긴 것을 上・下권, 또는 上・中・下 3권으로 분리하여 현행본 『漢書』 120권으로 편찬하게 되었다.

班固는 班彪(3~54)의 아들로 扶風 安陵(지금 陝西 咸陽) 사람이다. 東漢 光武帝 建武 8년에 태어나서 東漢 和帝 永元 4년에 서거하였다.

『史記』는 그 기록이 西漢 武帝의 太初年間에서 끝나기 때문에 東漢시대에 여러 사람들이 그 續編의 편찬 작업에 착수하였다.

『史通』「正義」의 기재에 의거하면『史記』의 續編을 편찬한 사람이 劉向·劉歆·馮商·揚雄 등 무려 10여 명에 달했다. 班固의 부친 班彪도『史記后傳』65편을 저술했다.

班彪 서거 후 그때 나이 겨우 22세이던 班固는 부친의 遺稿를 정리하면서 父業을 계승하여『史記』의 후속 작품을 완성하기로 결심했다. 그런데 뜻밖의 장애에 부딪혔다. 그가 작업을 시작한 지 몇 해 안 되어 어떤 사람이 漢明帝에게 上書하여 班固를 "사사로이 國史를 쓴다(私作國史)"라고 고발했다. 班固는 체포되어 감옥에 붙잡혀 들어갔고, 그동안 작업했던 원고는 전부 조사를 받았다.

그의 아우 班超가 漢明帝에게 上書하여 班固가『漢書』를 편찬하는 목적이 漢나라의 功德을 頌揚하려는 데 있으며 朝廷을 훼방하려는 의도가 전혀 없음을 설명하였다. 뒤에 班固는 무죄로 석방되었고 漢明帝는 班固의 집에 錢財를 내려주어 그의『漢書』편찬 작업을 경제적으로 도와주도록 하였다.

그러나 漢和帝 때 班固는 洛陽令 種兢과의 불화로 감옥에 갇혀 옥중에서 61세에 사망했는데, 이때 그가 저술하던『漢書』는 8「表」와「天文志」가 아직 완성되지 못한 상태에 있었다.

班固가『漢書』의 편찬 작업을 마치지 못하고 사망하자 漢和帝는

班固의 여동생 班昭에게 東觀藏書閣에 나가 거기 보관된 자료를 바탕으로 편찬 작업을 계속하도록 하였다. 그러나 班昭 역시 이 일을 끝마치지 못하고 얼마 후에 사망했다. 馬續이 班昭의 門下生으로서 古今의 經史에 두루 통달하였다. 漢和帝는 다시 그를 불러 7「表」와 「天文志」를 완성하게 하였다.

『漢書』가 완성되기까지는 전후에 걸쳐 40년 가까운 세월이 소요 되었는데 班彪가 편찬을 시작하여 班固가 그 작업을 계승하였고, 뒤에 다시 班昭와 馬續이 힘을 합쳐 완성하였으니 이는 4인의 손을 거쳐 완성된 작품이라 할 수 있다.

『漢書』의 주석서로는 주요한 것으로 唐朝의 顔師古「注」와 淸朝의 王先謙「補注」가 있다. 현재 韓國 고대사 관련 사료가 많지 않은 상황에서 『漢書』「列傳」 중에 포함된 「匈奴傳」 上·下 2권과 「衛氏朝鮮傳」은 많은 참고가 되고 있다.

제 2 장
고죽국 낙랑
孤竹國 樂浪

> 자료 역문

『畿輔通志』 권115 「弔夷齊賦」

伯夷 · 叔齊의 魂靈을 위로하는 글　　　　王世貞[1)]

盧龍은 옛 孤竹國 땅이다. 城 서쪽에 伯夷 · 叔齊의 祠堂[2)]

---

1) 王世貞: 王世貞(1526~1590)은 明나라 때의 文學家이자 史學家로 江蘇省 太倉 사람이다. 字는 元美, 號는 鳳洲, 또는 弇州山人이라고도 하였다. 詩書로 이름을 날리던 명문가족 太倉 王氏 집안에서 태어나 嘉靖 26년(1547)에 進士가 되었고 벼슬은 南京 刑部尚書에 이르렀다. 王世貞은 "文必秦漢 詩必盛唐" 즉 "文은 반드시 秦漢과 같고 詩는 반드시 盛唐과 같아야 한다"라고 말하면서 文學 復古 운동을 제창하여 당시에 일정한 영향이 있었다. 다만 문장이 지나치게 古文의 모방에 치우치다 보니 藻飾에 흐르는 폐단이 없지 않았다. 만년에는 이에 대해 깊이 반성하였다. 그는 文學뿐만 아니라 또한 史學을 좋아하여 사학 분야에도 많은 저술을 남겼다.

문학 방면의 저술로는 『弇州山人四部稿』 174권, 『弇州山人續稿』 207권, 『藝苑卮言』 12권이 있고 사학 방면의 저술로는 『弇山堂別集』 100권이 있다. 그리고 松江사람 陳復表는 그가 저술한 『朝野載記』 · 『秘錄』 등을 모아 『弇州史料』를 편찬하였는데 「前集」이 30권, 「後集」이 70권이다. 내용은 明代의 典章制度 · 人物傳記 · 邊疆史志 · 奇事佚聞 등을 포괄하고 있다. 이는 비교적 완전한 一部의 『明代史料彙編』이라고 할 수 있다.

이 있다. 吳人 王世貞이 皇帝의 명을 받들어 使臣으로 나가다가 이곳을 지나면서 물 한 사발 떠놓고 祭祀를 올리며 이 글을 지었다.

내가 황제의 명을 받들어 동쪽에 사신으로 떠나게 되어 行裝을 꾸려서 令支[3]에 이르렀도다. 산들은 뾰족 뾰족 높낮이가

---

2) 伯夷·叔齊의 祠堂: 王世貞이 盧龍縣을 지나다가 城 서쪽에 있는 伯夷·叔齊의 祠堂에 물 한 사발 올려놓고 제사를 드렸다는 이 자료의 기록을 본다면 伯夷·叔齊 祠堂은 明나라 때까지는 그대로 보존되었다는 확실한 근거가 된다. 필자가 2009년 8월에 盧龍縣을 방문하였을 때는 거기에 祠堂 터는 그대로 보존되어 있었으나 祠堂은 무너지고 없었다. 다행히 빙 둘러쳐진 고색창연한 긴 담장이 훼손되지 않고 남아 있어 이곳이 옛적의 伯夷·叔齊의 祠堂 유적임을 말해주고 있었다. 길을 안내한 지방민의 이야기로는 문화혁명 때 홍위병들에 의해 전부 파손된 것이라고 하였다.

3) 令支: 春秋시대 東夷族이 세운 나라이다. 『國語』 「齊語」에 "齊桓公北伐山戎剃令支"라는 기록이 있다. 令支에 대한 기록은 중국의 史書마다 기록이 조금씩 다른데, 예를 들어 『史記』에는 離支로 기록되어 있고 『周書』에는 不令支로 기록되어 있다. 그리고 『淮南子』 「墜形訓」에는 또한 令疵로 기록되어 있기도 하다. 令支의 명칭이 기록마다 이렇게 다른 원인은 令支는 東夷의 山戎族이 세운 나라로 그들의 본래 이름이 아니라 漢語로 이를 번역한 것이기 때문에 번역하는 과정에서 이처럼 약간씩 차이가 발생하게 된 것이라고 하겠다.

그런데 우리가 여기서 주목할 부분은 不令支 또는 剃令支라고 하여 令支의 앞에 우리 한 민족을 상징하는 '불'·'밝' 즉 '弗'字가 덧붙어져 있다는 점이다. 台灣에서 발행한 『中文大辞典』에는 지금의 하북성 遷安縣 일대가

不令支의 옛 땅이라고 말하였다. 지금은 하북성 遷安市로 되어 있는 이 지역은 盧龍의 서북쪽에 위치하고 있다.

그러나 『東周列國志』「齊桓公定孤竹」條에서는 令支에 대해 다음과 같이 기록하고 있다. "山戎은 바로 北戎의 一種으로 令支에 나라를 세웠다. 離支라고도 한다. 그 서쪽은 燕나라가 되고 동남쪽은 齊·魯가 되어 令支는 三國의 사이에 위치하고 있었다. 그 땅이 험준하고 병력이 강대함을 믿고 신하 노릇도 하지 않고 조공도 바치지 않은 채 수차에 걸쳐 中國을 침범했다. 이에 앞서 일찍이 齊나라의 국경을 침공한 적이 있었는데 鄭公子 忽에 의해 격퇴되었다. 이에 이르러 齊侯가 霸主를 도모한다는 소식을 듣고 山戎兵이 萬騎를 통솔하고 燕國을 침략하여 齊와 교통하는 통로를 차단하고자 하였다. 燕庄公이 적을 방어하다가 감당해내지 못하여 샛길로 사람을 보내 齊나라에 다급한 사정을 알렸다.……桓公은 魯侯와 작별하고 西北을 향해 출발하였다.……"

이 기록에 따르면 春秋시대에 燕은 오늘의 山西省쪽 가까이에 있고 齊·魯는 오늘의 山東省에 있고 令支는 山西省과 山東省의 사이 즉 오늘의 하북성 중부 이남에 위치하고 있었다는 이야기가 된다. 따라서 『東國列國志』의 기록으로 본다면 令支國은 오늘의 하북성 동북쪽이 아니라 그보다 훨씬 더 中原의 안쪽으로 들어가 있었음을 알 수 있다.

그리고 당시에 令支國이 만일 지금의 遷安市 일대에 있었다면 齊나라에서 그 지역은 동북방향이 되게 되는데 齊桓公이 令支國을 공격하기 위해 "西北을 향해 출발했다"라고 말한 것은 令支國이 하북성 동북쪽이 아닌 남쪽에 있었을 가능성을 강하게 뒷받침해 준다고 하겠다.

그리고 『東周列國志』「齊桓公兵定孤竹」條의 말미에는 다음과 같이 기록되어 있다.

"燕나라가 이로부터 서북쪽으로 땅이 500리가 증가되고 동쪽으로는 땅이 50여 리가 증가되어 비로소 北方의 大國이 되었다."

齊桓公은 令支와 同族인 无終國을 엄청난 황금과 비단을 주고 매수하여 그 나라의 장수 虎兒班을 앞세워 令支와 孤竹을 공격하여 멸망시킴으로써 500리의 땅을 얻게 되었다. 그러나 그는 중간에 가로 놓인 燕나라를 건너

고르지 않고, 갖가지 풀들은 여기저기 옹기종기 나 있도다. 俞兒[4]는 卑耳[5]에서 나를 인도하고, 武士는 울긋불긋

뛰어 이 땅을 소유하기는 어려운 일이라고 생각했다. 그래서 그 땅 500리는 결국 燕나라 차지가 되게 되었던 것인데, 여기서도 역시 燕나라 땅이 동북쪽으로 500리가 늘어난 것이 아니라 서북쪽으로 500리가 증가되었다고 말한 것을 본다면 옛 令支國을 오늘의 하북성 遷安市로 보기에는 불합리한 점이 있다고 하겠다.

여기서 『東周列國志』의 '西北'을 西南 또는 '東北'의 誤記로 볼 수도 있으나 지금으로선 속단하기 어렵다. 令支·孤竹이 燕의 西北에 있었는가 아니면 東北에 있었는가 하는 것은 앞으로 좀 더 시간을 두고 연구를 필요로 한다. 중요한 것은 令支와 孤竹은 같은 東夷 국가로서 하북성의 서북과 동북 지방에서 서로 이웃하고 있었다는 사실이다. 아마도 令支는 하북성의 서북지방에, 孤竹은 하북성의 동남지방에 위치하고 있었을 가능성이 높다고 하겠다.

『漢書』「地理志下」에 "遼西郡 縣十四 令支"라는 기록이 있는 것으로 볼 때 令支國은 春秋시대에 齊桓公의 공격에 의해 멸망했지만 그 명칭은 地名으로 남아 계속 존재했던 것을 알 수 있다. 東晉 16국 시기에는 鮮卑 段遼가 令支縣에 도읍을 정하기도 하였다.

4) 俞兒: 神의 이름이다. 『管子』「小問」에는 俞兒와 관련하여 다음과 같은 기록이 나온다. "桓公北伐孤竹 公曰寡人 見人長尺而人物具焉 冠右祛衣 走馬前疾 管仲對曰 臣聞登山之臣 有俞兒者 長尺而人物具焉 霸王之君興 登山之神見" 『東國列國志』에 나오는 俞兒에 관한 내용은 『管子』와 비슷하나 좀 더 구체적으로 기술되어 있다. 이를 요약하면 아래와 같다. "桓公이 卑耳溪로 가는 도중에 산세가 몹시 험준했다. 양쪽에 石壁이 솟아 있고 중간에 조그마한 길이 하나 나 있어 單騎는 겨우 통할 수 있으나 車輛은 통행할 수가 없었다. 桓公이 얼굴에 두려운 안색을 보이며 '여기에 만일 伏兵이 있다면 우리는 반드시 패배할 것이다'라고 管仲에게 말했다. 이때 별안간 桓公의 눈앞에

그 색깔이 다르도다.……北方의 물줄기가 樂浪으로 모여드니, 箕子가 難을 당하여 여기서 宗廟社稷을 연장시켰도다. 함께 노닐며 즐길 수도 있었건만 侏離의 言語라서[6] 말이 통하지 않았도다.……

이상한 사람이 하나 나타났는데, 붉은 옷에 검은 관을 쓰고 있었고 두 발은 맨발인 채로였는데 桓公을 향해 재삼 拱揖을 하는 모습이 마치 맞이하는 것 같았다. 그런 다음 오른 손으로 옷을 걷고 石壁의 중간지점을 향하여 빠른 걸음으로 도망치듯 사라졌다. 桓公은 크게 놀라 管仲에게 물었다. '卿은 지금 그것을 보았는가?' 管仲은 말했다. '신은 아무것도 보지 못했습니다.' 桓公이 그 형상을 설명하니 管仲이 말했다. '이것은 바로 俞兒입니다.' 桓公이 말했다. '俞兒란 어떤 것인가?' 管仲이 말했다. '신은 듣건대 北方에 登山의 神이 있는데 이를 俞兒라 하며 霸王의 君主가 있으면 나타난다고 하는데 君主께서 본 것은 아마도 이것일 것입니다. 拱揖하고 맞이한 것은 君主께서 가서 치기를 바란 것이고 옷을 걷은 것은 앞에 물이 있다는 것을 암시한 것이고 오른 쪽 손으로 옷을 걷은 것은 물이 오른쪽은 반드시 깊으니 君主에게 왼쪽으로 가라고 가르쳐준 것입니다.'"

이 기록으로 본다면 북방의 神인 俞兒가 桓公이 孤竹國을 치기 위해 卑耳로 가는 도중 험준한 산길에 가로 막혀 곤경에 처했을 때 나타나서 길을 인도해 준 것으로 되어 있다. 이것이 사실인지 아니면 桓公의 北伐을 합리화하기 위해 꾸며낸 말인지는 알 수 없으나 王世貞은 伯夷·叔齊의 사당 앞에서 그 故事를 인용하여 그때의 일을 다시 한 번 상기시킨 것이다.

5) 卑耳: 『管子』의 「小問」에는 "桓公北伐山戎 未至卑耳之谿十里"라고 나오고 「小匡」에는 "縣車束馬 踰太行與卑耳之貉"이라고 나온다.
『東周列國志』에는 "孤竹은 東南의 大國으로 商朝로부터 城郭이 있었다. 이곳으로부터 약 100여 리를 가면 卑耳라 부르는 계곡이 있고 계곡을 지나면

바로 孤竹國 경내가 된다. 다만 산길이 험준하여 가기가 어렵다"라고 기록
되어 있다.『中文大辭典』에는 卑耳를 지금의 山西省 平陸縣 서북쪽에 있는
산으로 설명했는데 山西省 平陸縣에 있는 卑耳山과 桓公이 孤竹을 정벌할
때 건넜던 卑耳谿는 서로 다른 지명이 아닌가 여겨진다.『東周列國志』에서
"孤竹은 東南의 大國"이라고 말했는데 孤竹國이 山西省 平陸縣 부근에 있
었다면 東南大國으로 볼 수 없기 때문이다. 그리고『管子』에도 "北伐山戎"
이라고 하였는데 卑耳가 山西省 平陸縣에 있었다면 齊나라에서 이곳은 서
쪽에 위치하여 北伐이 될 수가 없다.

　秦皇島의 孤竹文化 硏究學者 宋坤은『孤竹國考』에서『括地志』·『遼史』
「地理志」등 유관문헌과 출토문물을 바탕으로 지금 遼寧省의 朝陽·錦州
市, 河北省의 承德·唐山·秦皇島市 일대가 孤竹國의 관할구역에 속한다
고 말했다. 그러나 孤竹國의 강역이 承德市·朝陽市를 포괄했다고 볼 경우
이는 東南大國이 아니라 東北大國이 되게 된다. 따라서 孤竹國은 盧龍縣을
기준으로 해서 東北쪽이 아닌 東南쪽 방향으로 강역이 크게 확대되어 있었
다고 하겠다.

　『東周列國志』「齊桓公兵定孤竹」條에는 "山有黃台水有濡"라는 기록이 있
다. "山은 黃台山이 있고 물은 濡水가 있다"라는 기록을 통해서 본다면 孤竹
國은 濡水 부근에 있었던 것이 분명한데 옛 濡水는 바로 오늘의 灤河를 가리
킨다. 그렇다면 卑耳谿는 어디일까.『大淸一統志』의 기록에 의하면 호타하
부근에 있던 瀘河가 蒲吾渠였고 蒲吾渠는 扶餘河의 다른 이름이었다. 卑耳
谿는 바로 이 扶餘河 즉 瀘河의 다른 표기일 가능성이 많다고 하겠다.

6) 侏離: 蠻夷의 말소리를 가리킨다. 陶潛의『聖賢群輔錄上』에 "伯夷爲陽伯樂
舞侏離 歌曰招陽"이라는 기록이 보인다. 여기서는 伯夷는 東夷系統의 孤竹
國 사람으로 언어가 中原과 달라서 中原에서 온 箕子와 서로 의사소통을 할
수가 없었음을 의미한다.

자료 원문

史部/地理類/都會郡縣之屬/
畿輔通志/卷一百十五

弔夷齊賦　　　　　　　　王世貞
盧龍 故孤竹也 城西 有伯夷叔齊祠 吳人王世貞
奉使過此 酌水酹焉 而為辭

曰余奉輶以東逝兮　束馬放乎令支　山巑岏而鬼礨兮
衆草欑藿而條緯　俞兒道余於卑耳兮　武夫磷磷其參
差……溟波委輸於樂浪兮　箕蒙難而延宗靈　庶偕以翺
游兮　語侏離而不可通……

| 자료 해설 |

明나라 때 유명한 역사학자요 문인이었던 王世貞은 동쪽으로 사신을 떠나다가 옛 孤竹國 땅인 오늘의 하북성 盧龍縣에 이르러 伯夷·叔齊의 祠堂에 간소한 제사를 올린 다음 그의 혼령을 위로하는 의미에서「吊夷齊賦」를 지었다. 賦는 韻을 맞추어 짓는 문체의 한 형식이다. 洛陽의 紙價를 올렸다는 西晉시대 左思의「三都賦」가 바로 이와 동일한 형식으로 지은 문장이다.

『史記』에는「伯夷列傳」이 실려 있고 그 주석인「索隱」에 "孤竹君 是殷湯三月丙寅日 所封"이라 기록되어 있다. 이에 의거하면 孤竹國은 약 서기전 1,600년경 商湯이 商朝를 건립한 초기에 건국된 나라임을 알 수 있다.

孤竹國에 관한 기록은 殷墟의 甲骨文과 商代의 金文에서 발견된다. 甲骨卜辞에는 관련 기록이 40여 군데나 나온다. 그리고『國語』·『韓非子』·『史記』등의 古籍에도 孤竹國의 역사를 기록한 내용들이 곳곳에 보인다. 이는 지금으로부터 3,600년경에 孤竹國이 실재했음을 입증한다고 하겠다.

그러면 3,600년 전의 古國 孤竹國은 과연 어디에 있었는가.『春秋』·『國語』·『管子』등 여러 고문헌들은 孤竹國은 山戎族이 세운 나라로 中原의 北方 또는 東南方·西北方에 위치한 나라로 기술하고 있다. 그런데 1970년대 이후 遼寧省 喀左·河北省 盧龍 遷安 일대에서 "孤竹"이라는 銘文이 새겨진 靑銅器가 출토되었다. 孤竹國이 河北省 일대에 존재했다고 보는 것이 전통적인 관점이었는데 '父丁孤竹罍'가 遼寧省 喀喇心左翼 蒙古族自治縣에서 발굴되면서 孤竹國의 강역을 東北쪽으로 遼西 지역까지 확대하여 인식하게 되었다. 이는 고대의 孤竹國이 오늘의 河北省 盧龍縣을 중심으로 상당히 광대한 지역에 걸쳐 영토를 소유하고 있었음을 반증하는 것이다.

저자는 이 글에서 令支·卑耳·樂浪 등의 지명을 거론하며 孤竹國에서 벌어졌던 옛 역사를 설명하고 있다. 令支는 孤竹國의 서쪽, 오늘날 河北省 서북쪽에 있었던 孤竹國과 동족인 東夷族이 세운 나라 이름이고 卑耳는 令支國에서 동쪽으로 孤竹國을 향해 갈 때 국경선에 닿기 전에 건너게 되는 江의 명칭이었다.

그렇다면 여기서 말하는 箕子가 망국의 서러움을 안고 피신하여 국가의 운명을 연장시켰다는 樂浪은 과연 어디인가. 여기서 말하는 樂浪을 과연 한반도 대동강 유역의 樂浪이라고 말할 수 있을까.

王世貞이 孤竹·令支·卑耳와 함께 거론한 樂浪은 河北省 동북쪽에 있는 樂浪을 가리킨 것이며 결코 한반도 대동강 유역의 樂浪이 될 수 없는 일이다. 즉 箕子가 西周를 떠나서 찾아갔던 朝鮮, 그리고 朝鮮에서 이름이 玄菟·樂浪으로 바뀐 그 樂浪은 한반도 대동강 유역에 있었던 것이 아니라 河北省 동북쪽에 있었던 것이다.

여러 가지 자료를 통해서 검토해 본다면 春秋시대에 伯夷·叔齊의 나라 孤竹國은 盧龍을 중심으로 河北省 東南쪽에 있었고 密盧의 나라 不令支國은 河北省 西北쪽에 있었으며 箕子朝鮮은 遼寧省 朝陽市를 중심으로 河北省 동북쪽에 위치하고 있었을 가능성이 높다고 하겠다.

즉 孤竹國과 古朝鮮國은 하나는 하북성의 동북방에 위치하고 하나는 동남방에 위치하여 서로 이웃하고 있었던 것이다.

1992년 10월에 하북성 遷安市 夏官營鎭 馬哨村 일대에서 '箕'字가 새겨진 商代의 靑銅이 발굴되었다. 이는 箕子朝鮮이 孤竹國과 이웃하여 상호 밀접한 관계에 있었음을 입증하는 좋은 자료라고 하겠다.

『三國遺事』「古朝鮮」條에는 "高句麗가 본래는 孤竹國이었다"라는 기록이 있다. 이는 孤竹國이 東夷族으로서 우리 민족과 깊은 혈연적인 유대관계가 있었음을 반영한다.

古朝鮮은 중국 동북방의 九夷가 모여서 최초로 세운 나라로 건국년대가 孤竹國보다 약 1,000년가량 앞선다. 孤竹國이 高句麗의 前身이라면 孤竹國은 古朝鮮 계통의 민족이 지금으로부터 3,600년 전쯤에 古朝鮮으로부터 갈려나가 河北省 동남쪽에 건국한 나라일 것이라는 논리의 성립이 가능하다. 그리고 河北省 서북쪽에 있었던 弗令支는 다른 이름으로 離支라고도 부른다. 離支는 그 명칭상으로 보면 '따로 떨어져나간 가지'라는 뜻이다.

중국의 동북방에 夏·殷·周 이전에 건립되어 존속해 온 나라는

古朝鮮밖에 없었다. 그렇다면 離支가 어디로부터 분리되어 나온 가지이겠는가? 역시 古朝鮮에서 분파되어 성립된 나라였다고 보아도 무방할 것이다.

> 자료 출전

『畿輔通志』

『畿輔通志』는 清代에 北京·河北 및 天津 일대의 역사연혁과 사회상황을 종합 기재한 官撰의 地方志이다.

清代에 황제의 명을 받들어 편찬된 『畿輔通志』는 모두 3部가 있다. 첫째는 康熙 22년(1683)에 편간된 46권 本이고 둘째는 雍正 13년(1735)에 간행된 120권 本이며 셋째는 光緖 10년(1884)에 간행된 300권 本이다.

康熙 『畿輔通志』 46권 本은 直隷巡撫 于成龍·格爾古德 등이 중심이 되어 편찬했고 雍正 『畿輔通志』 120권 本은 直隷總督 唐執玉·劉于義·李衛, 그리고 辰州同知 田易 등이 전후에 걸쳐 편찬을 주관하고 참여하여 완성하였다. 그리고 光緖 『畿輔通志』 300本은 直隷總督 李鴻章의 주관 하에 黃彭年을 『畿輔通志』의 總編으로 초빙하여 완성하였다.

『四庫全書』에는 雍正 『畿輔通志』 120권 本이 실려 있다. 全書의 내용은 총 30門으로 분류하여 詔諭·宸章·京師·星野·建制沿革·

形勝疆域·山川·城池·公署·學校·戶口·田賦·倉廠·鹽政·兵制·關津·驛站·河渠·水利營·陵墓·祠祀·寺觀·古跡·風俗·物産·封爵·職官·選擧·名宦·人物·藝文 등의 순으로 기재되어 있다.

北京과 河北省 지역의 역사와 연혁을 총체적으로 기술한 本書는 東北方의 古代史를 연구하는 데 있어 몇 안 되는 중요한 참고자료의 하나에 속한다.

제 3 장

영평부 낙랑

永平府 樂浪

> 자료 역문

『明一統志』권5「永平府」

永平府: 동쪽으로 山海關까지 180리이고 서쪽으로 順天府[1] 豊潤縣 경계까지 120이며 남쪽으로 海岸까지 160리이고 북쪽으로 桃林口[2]까지 60리이다. 府의 治所로부터 京師까지는 550리이고 南京까지는 3,995리이다. 糧은 45,000이다.

建置沿革:「禹貢」의 冀州 지역이고 天文은 尾分野이다. 처음에 虞舜이 冀州의 東北을 분할하여 營州로 만들었으니 이곳이 바로 그 지역이다. 商나라 때는 孤竹國이 되었고 周나라 때는 幽州에 속했고 春秋시대에는 山戎·肥子 두 나라의 땅이 되었고 秦나라 때는 遼西·右北平 2郡의 땅이

---

1) 順天府: 明朝와 淸朝 兩代에서는 오늘날의 北京市 지역을 順天府라고 하였다.

2) 桃林口: 秦皇島市 서북쪽에 위치해 있다. 지금은 자연경관을 이용한 관광명소로 개발되어 있다.

되었다. 漢末에는 公孫度의 차지한 바가 되었고 魏나라 때 盧龍郡으로 개정되었으며 北燕 때 平州 및 樂浪郡을 설치했고 後魏 때 樂浪을 고쳐서 北平郡으로 삼았으며 隋나라 때 平州로 고쳤고 뒤에 州를 폐지하고 郡으로 만들었다.

唐나라 때 다시 平州로 고쳤고 天寶(唐玄宗 연호, 742~756) 초기에 北平郡으로 고쳤으며 乾元(당숙종 연호 758~760) 초기에 다시 平州로 만들었다. 五代唐시대에 遼興軍이라 하였고, 金나라 때 승격시켜 南京으로 삼았으며 天會(金太宗 연호, 1123~1135) 초기에 다시 平州로 삼고 興平軍으로 승격시켰다. 元나라 때 興平府로 개정했고 中統(元世祖 연호, 1260~1263) 초기에 平灤路로 승격시켰으며 大德(元成宗 연호, 1297~1307) 중에 永平路로 개정했다. 本朝 洪武 2년(1369)에 永平府로 개정하여 北平布政司[3]에 소속되었다. 永樂(明成祖 연호, 1403~1424) 중에 京師의 直轄이 되었고 관하에 1개의 州와 5개의 縣을 관할했다.

---

3) 北平布政司: 明나라 초기에 京師(南京)를 제외하고 전국을 浙江·江西·福建·北平·廣西·四川·山東·廣東·河南·陝西·湖廣·山西 12개 구역으로 나누어 12布政使司를 설치했고 洪武 15년(1382)에 雲南布政使司를 증설하여 모두 13布政使司가 되었다. 永樂 원년(1403)에 明成祖가 北平布政使司를 北京으로 바꾸었다.

자료 원문

史部/地理類/總志之屬/
明一統志/卷五

永平府　東至山海關　一百八十里　西至順天府　豐潤縣界　一百二十里　南至海岸　一百六十里　北至桃林口　六十里　自府治至京師　五百五十里　至南京　凡三千九百九十五里　糧四萬五千零

建置沿革　禹貢冀州之域　天文尾分野　初虞分冀州東北　為營州　此即其地　商為孤竹國　周属幽州　春秋時為山戎肥子二國地　秦為遼西右北平二郡地　漢末為公孫度所據　魏改盧龍郡　北燕置平州及樂浪郡　後魏改樂浪　為北平郡　隋改為平州　後廢州為郡　唐復改平州　天寶初　改為北平郡　乾元初　復為平州　五代唐　以為遼興軍　金陞為南京　天會初　復為平州　陞興平軍　元改興平府　中統初　陞為平灤路　大德中　改永平路　夲朝洪武二年　改為永平府　屬北平布政司　永樂中　直隷京師　領州一縣五

| 자료 해설 |

　明나라 때 永平府는 관하에 盧龍縣·遷安縣·撫寧縣·昌黎縣 등과 灤州를 관할했고 順天府·保定府·河間府 등과 함께 北京 직할로 되어 있었다.

　이 지역이 오늘날은 北京市와 별도로 하북성에 포함되어 있지만 명나라 때는 수도 北京에 포함되어 있었던 것이다.
　그런데 이 자료는 虞舜시대 12州의 하나였던 營州가 바로 이 永平府 지역에 있었다고 말하고 있다. 虞舜시대의 營州를 오늘날의 요하 동쪽 遼東으로 보는 견해가 많은데 이 자료는 고대의 遼東을 연구하는 데 참고할 가치가 있다.

　그리고 이 자료는 秦나라 때 설치되었던 遼西郡·右北平郡이 바로 이 명나라 때의 永平府 지역에 있었다고 설명하고 있다. 이 지역은 山海關 안쪽 북경시 바로 동쪽에 위치하고 있다. 秦나라 때의 遼東·遼西는 오늘날의 遼河를 기준으로 설치한 것이 아님을 반영하는 것으로서 이 기록 역시 遼西·遼東 연구에 필요한 자료이다.
　이 자료는 또 北燕시대에 명나라 때의 永平府 지역에 平州 및 樂浪郡이 설치되었던 사실을 설명하고 있다. 樂浪郡이 처음 설치된 것은

漢武帝시기이다. 그런데 이 樂浪郡의 위치를 놓고 이론이 분분한 편이다. 한국사학계에서는 대동강 유역 樂浪說이 통설로 되어 있다.

北燕은 魏·蜀·吳 삼국시대를 지나서 16國시대에 세워진 나라이다. 이때 永平府 지역에 樂浪郡이 설치되었다는 것은 漢의 樂浪郡과 무관한 것일 수가 없다. 秦나라 때 遼西·右北平이 설치되었던 이 부근에 漢의 樂浪郡이 있었고 삼국시대의 전란을 겪으면서 중원이 세 토막으로 분할되어 행정구역상에 다소 변천이 발생했으며 16국시대 前燕의 뒤를 이어 하북성 쪽에 나라를 세웠던 北燕이 옛 漢의 樂浪郡 지역에 다시 옛 이름을 복원 설치했다고 보는 것이 합당할 것이다.

漢武帝가 대동강 유역에 樂浪郡을 설치했는데 16국시대에 北燕이 다시 아무런 연고도 없는 永平府 지역에 樂浪郡을 설치한다는 것은 있을 수 없는 일이라고 하겠다.

그리고 이 자료는 漢末에 公孫度가 차지했던 곳이 바로 이 명나라 때의 永平府 일대였다는 사실도 전해주고 있다. 통상적으로 漢末 公孫度가 遼東 지역을 차지했고 그 遼東은 오늘날의 遼河 동쪽이라고 오해하는 경우가 허다하다.

이 자료를 통해서 본다면 漢末의 公孫度가 차지했던 遼東은 오늘날의 遼東이 아니라 북경시 동쪽에 있었던 것이 분명하다.

이 자료를 분석해 본다면 明나라 때의 永平府 일대에 秦의 遼西·右北平, 漢의 遼東·樂浪이 위치하고 있었던 사실이 분명하다고 하겠다.

> 자료 출전

『明一統志』

　『明一統志』의 원래 명칭은 『大明一統志』이다. 李賢·彭時 등이 皇帝의 敕命을 받들어 편찬한 官撰 地理總志이다. 明英宗 天順 5년(1461) 4월에 완성되었고 모두 90권이다.

　李賢(1408~1466)은 河南 鄧縣사람으로 吏部尙書·華盖殿大學士를 역임했고 彭時(1416~1475)는 江西 安福사람으로 吏部尙書·文淵閣大學士를 역임했다.

　永樂 16년(1418)에 明成祖가 詔書를 내려 『天下郡縣志』를 편찬하도록 하였는데 완성되지 못하였다. 景泰 5년(1454)에 代宗(1428~1457)이 少保 兼太子太傅·戶部尙書 陳循 등을 명하여 그 관속들을 인솔하고 天下의 地理志를 편찬하도록 했다. 다시 進士 王重 등 29인을 전국 각지로 나누어 파견하여 事迹을 채록하게 하였고 또 각지에 志書를 纂修하여 올리도록 독촉하였다. 2년이 지난 뒤에 『寰宇通志』 119권을 완성하였다.

　英宗이 즉위하고 난 뒤 『寰宇通志』가 "번거롭고 간략함이 합당함을 잃고 버리고 취함이 타당하지 않다(繁簡失宜 去取未當)"라는 것을 이유로 天順 2년(1458)에 李賢·彭時 등을 명하여 『寰宇通志』에 대한 수정 보완작업을 진행하도록 하여 天順 5년에 책이 완성되었다. 英宗이 친히 序文을 지었고 『大明一統志』라는 이름을 하사하여 간행하였다.

　「京師」·「南京」·「十三布政使司」로 구분하여 서술하였고 권말에는 「外夷」 2권이 덧붙여져 있다. 「全國總圖」와 「各布政使司分圖」는 그림으로 그려서 실었다.

제 4 장
노룡 낙랑
盧龍 樂浪

> 자료 역문

『路史』권27「朝鮮」

朝鮮

箕子를 뒤에 遼의 樂浪에 봉하였다. 지금 平州의 盧龍에 朝鮮城이 있다. 그러므로 武德 연간(唐高祖의 연호, 618~626)에 遼州로써 箕州를 삼았으며 武德 8년임 高句麗도 역시 그 지역이다.

> 자료 원문

史部/別史類/路史/卷二十七/朝鮮

朝鮮
箕子 後封遼之樂浪 今平之盧龍 有朝鮮城 故武德 以遼為箕州 八年 而高麗 亦其地

> 자료 해설

　다른 자료에서는 일반적으로 箕子를 "朝鮮에 봉하였다"라고 말한 데 비해 이 자료는 "遼의 樂浪에 봉하였다"라고 말하고 있어 매우 특징적으로 받아들여진다.

　다만 "遼의 樂浪"이라고만 간단히 언급하여 여기서 말하는 遼가 遼水·遼河의 遼인지 遼西·遼東의 遼인지 遼州의 遼인지 遼朝의 遼인지 구체적으로 밝히지 않은 점이 유감스럽게 생각된다.

　역사상에서 한반도의 대동강이 遼水나 遼河로 지칭된 일은 없다. 또 여기에 일찍이 遼西·遼東郡이나 遼州가 설치된 적도 없다. 그렇다면 이 자료에서 말하는 箕子를 봉하였다는 遼의 樂浪은 한반도 대동강 유역과는 무관한 것이 확실하다.

　그러면 저자가 여기서 말하는 遼의 樂浪은 어디를 두고 말한 것일까.『路史』의 저자 羅泌은 南宋 孝宗시대 사람이다. 그 당시에 지금 하북성 盧龍縣이 平州에 소속되어 있었고, 또 宋나라 때 樂史가 쓴『太平寰宇記』에 따르면, "盧龍縣에 箕子가 봉함을 받은 朝鮮城이 있다"라고 하였다. 즉 羅泌은 宋나라 때까지도 고대의 朝鮮城이 그대로 보존되어 있던 平州의 盧龍縣을 遼의 樂浪으로 간주했던 것이다.

平州의 盧龍, 즉 지금의 하북성 진황도시 盧龍縣은 殷나라의 諸侯國인 伯夷·叔齊의 孤竹國이 있던 지역이다. 伯夷·叔齊는 殷나라 諸侯國의 王子로서 周武王의 殷나라 정벌을 결사적으로 반대했던 인물이고 箕子는 殷나라 왕족으로서 殷나라가 쇠망하자 周나라의 신하노릇하기 싫어서 떠나간 인물이다.

당시 孤竹國은 山戎族으로서 中原 지역이 아닌 東北方, 지금의 萬里長城 부근에 있었다. 그리고 孤竹國과 같은 同族인 朝鮮이 거기 이웃하여 살고 있었다. 지금은 하북성 盧龍縣이 다 중국 땅이 되어 있지만 箕子 당시에는 오늘의 하북성 남부, 북부와 동부가 다 東夷들이 사는 지역이었고 거기에는 孤竹·令支·朝鮮 등 東夷국가들이 있었던 것이다. 당시는 秦始皇이 東方의 六國을 통일하여 中原의 영토를 동북방쪽으로 확장하기 이전으로서 당연히 지금의 萬里長城은 존재하지 않았다.

西周는 殷商을 멸망시킨 이후에 姬姓을 중심으로 대대적인 諸侯 分封 작업을 단행했다.『荀子』「儒效」에는 "周公兼制天下 立七十一國 姬姓獨居五十三人"이라고 나온다. 諸侯國을 71개국을 설립했는데, 그 중에 西周와 同姓인 姬姓 출신 君主가 53명이나 되었다고 하니 姬姓이 차지하는 비중이 얼마나 높았는지 짐작이 가는 일이다.

그런데 西周는 오늘의 하북성 지역에는 燕國을 세워 창업공신인

召公을 거기에 분봉하였다. 일반적으로 지금 북경시 房山区 일대를 燕國의 初封地로 보고 있으나 여기에 대해 여러 가지 이론들이 제기되고 있다. 당시 西周의 국력으로 볼 때 燕의 初封地가 하북성 상부인 房山区 일대가 될 수 없으며 그보다 훨씬 아래쪽인 하북성 하부쪽에 있었다는 것이다.

여하튼 春秋시대 이전의 燕의 강역은 동북쪽으로 오늘의 하북성 중부를 넘지 못한 것이 확실하다. 따라서 孤竹國이 있던 오늘의 진황도시 盧龍縣은 箕子 당시에 당연히 周의 통치권 밖에 있는 땅이었다. 다만 孤竹國은 殷商시대에 諸候國이었으므로 西周가 건립된 후 그 승계권을 주장할 수도 있었겠지만, 孤竹國 동쪽에 있던 朝鮮은 줄곧 中原의 지배를 받지 않은 독립국으로서 존재하였다.

箕子가 西周의 통치를 벗어나 다른 나라로 떠나감에 있어서 朝鮮을 선택한 것은 바로 이런 이유에서였을 것이다. 周武王에 의해 殷이 멸망할 당시의 수도는 지금의 河南省 安陽市 서북쪽 殷墟에 있었다. 安陽市는 행정구역상으로는 河南省에 속하지만 하북성의 남단과 인접한 河南省의 최북단으로서 箕子가 이곳에서 출발하여 동쪽으로 孤竹國이 있던 하북성 盧龍縣 일대까지 오기는 그리 먼 거리가 아닌 것이다.

혹자는 殷나라의 수도에서 朝鮮까지 가는 중간에는 여러 異民族들이 살고 있었고, 또 당시 교통상황을 고려할 때 망명객의 신분으로 이런 먼 거리를 갈 수 있는 입장이 아니라고 하여 이를 箕子東來를 부인하는 논거로 제시하기도 한다. 그러나 이것은 箕子가 殷을 떠나 찾아 갔던 朝鮮을 압록강 이남의 대동강 유역에 있던 朝鮮으로 상정할 때 해당하는 일이며, 이를 하북성 동쪽 潮河 유역에 있던 朝鮮으로 볼 경우 전혀 해당 사항이 아니다.

하남성 安陽에 수도를 두고 있던 殷나라 때는 하북성 중부, 동부 지역은 異民族의 활동무대가 아니라 殷의 직접 지배를 받는 통치권 내부의 영역이었고 또 거리상으로도 수도에서 그리 멀리 떨어지지 않은 가까운 지역에 해당하였다. 따라서 殷末 周初에 箕子가 殷을 떠나서 朝鮮으로 가는 일은 거리상으로 보나 정황상으로 볼 때 전혀 문제가 될 것이 없었던 것이다.

箕子는 西周의 신하가 되기를 원치 않는다는 의미에서 西周의 정치적 영향권 내에서 벗어나면 그만이었다. 潮白河를 넘어서 灤河 유역 盧龍 땅 부근에 이르면 西周와는 정치적으로 민족적으로 전혀 무관한 곳이 되는 것이다.

따라서 箕子는 당시 여기서 더 이상 동쪽으로 압록강을 향해 가야 할 이유가 없었고, 또 그곳은 일찍이 商의 지배를 받은 적이 없는 즉 中原과 교류가 없는 東夷民族들이 사는 땅으로서 가고 싶어도 갈 수가 없었을 것이다.

吉林大學 歷史學科 金景芳 敎授는 殷商의 발상지를 지금 내몽고

홍산 문화지역인 克什克騰旗의 白岔山으로 보았고『中國大百科辭典』에서도 金敎授의 학설을 가장 권위 있는 정설로 인정하고 있다. 이는 殷나라가 中原의 華夏族이 아니라 동북방의 東夷族이었음을 말해준다.

殷나라는『詩經』의 "玄鳥生商" 즉 "검은 새가 商나라를 탄생시켰다"라는 기록에서 보듯이 고대 九夷의 하나인 鳥夷의 후예가 분명하다. 중국의 고대사회에서 우리나라의 고구려, 부여는 동북방의 東夷인 東北夷로 인정되었고, 고구려의 三足烏와 백제의 금동향로에 새겨진 봉황새는 우리 민족이 또한 새를 토템으로 한 鳥夷민족이었음을 말해준다. 즉 우리 밝달민족은 殷과는 맥을 같이 하는 鳥夷의 후예인 것이다.

이 鳥夷가 중원 黃河 문명의 모태인 동북방 紅山文化를 창조한 다음 그 한 갈래는 남쪽으로 내려가 中原에서 殷商을 세웠고, 다른 한 갈래는 동쪽으로 진출하여 古朝鮮을 세웠다고 본다. 따라서 殷商과 古朝鮮은 同族인 셈이다. 殷이 멸망한 후 箕子가 中原을 떠나서 朝鮮으로 온 것은 바로 자신의 故鄕을 찾아 돌아온 것이라고 하겠다.

그리고 이 자료는 箕子朝鮮이 하북성 盧龍縣에 있었다고 말한 다음 말미에서 "고구려도 역시 그 지역이었다"라고 말하고 있다. 고구려는 古朝鮮을 계승하여 玄菟·樂浪 땅에서 일어난 나라이다. 玄菟·樂浪이 대동강 유역에 있었다면 고구려가 대동강 유역을 중심으로 발전한 것이 옳겠지만, 그렇지 않고 潮白河・濼河유역에 있었다면 고구려 또한 그 지역에 있었을 것은 너무나 자명한 일이다. 그런데 우리는 그동안 이렇게 너무나도 명백한 역사사실을 거짓이라 생각하고 거짓으로 조작된 역사를 사실이라 믿는 우를 범해왔다. 이제는 이런 자료들을 바탕으로 우리 역사를 제자리로 돌려놓을 때가 되었다고 본다.

> 자료 출전

『路史』

南宋 때 학자 吉州 廬陵(지금 江西 吉安) 사람 羅泌이 지은 책으로 총 47권이다. 羅泌의 字는 長源, 號는 歸愚로 어려서부터 科擧를 멀리하고 학문에 힘썼으며 詩文에 조예가 깊었다.

南宋 孝宗 乾道 연간(1165~1173)에 본서를 완성하였다. 「前紀」 9권, 「后紀」 14권, 「國名紀」 8권, 「發揮」 6권, 「餘論」 10권으로 분류 편찬하였다.

「前紀」에는 初三皇으로부터 陰康 無懷까지의 일을 기록하고 「后紀」에는 太昊로부터 夏의 履癸까지의 일을 기록하고 「國名紀」에는 상고시대로부터 三代시대에 이르기까지의 여러 나라의 姓氏와 地理를 기록했으며 아래로 兩漢 말엽까지 다루었다. 「發揮」 6권과 「餘論」 10권은 모두 辯難하고 考證한 내용들이다.

중국의 역사서 중에 太昊 伏羲氏 이전의 역사를 기록한 책이 극히 드물다. 그런데 이 책은 『道藏』·『緯書』 등 정통 儒家 학자들이

금기시하는 여러 자료들을 널리 수집하여 상고시대로부터 兩漢시대에 이르기까지의 역사를 체계적으로 기술하고 있다는 점에서 동북아의 상고사를 연구하는 데 있어서 크게 참고할 가치가 있다. 羅泌은 본서 이외에 『易說』·『六宗論』·『三匯詳証』·『九江詳証』 등의 저술을 남겼다.

제 5 장
요수 낙랑
遼水 樂浪

자료 역문

『武經總要』「前集」권16 하, 〈番介有名山川〉

遼水[1]

---

[1] 遼水: 遼水는 오늘날은 보통 遼河라고 호칭한다. 고대의 遼河는 시대에 따라 위치와 호칭상에서 차이를 보였다. 고구려 시대에는 句驪河, 漢代에는 大遼水, 五代 이후에는 遼水로 칭하였고 淸代에는 巨流河라 불렀다.

현재의 遼河는 중국의 7大江의 하나로서 河北省 平泉縣 七老圖山 山脈의 光頭山(해발 1729미터)에서 발원한다. 遼河의 源流는 바로 老哈河의 상류로서 老哈河는 서남쪽에서 東北쪽을 향해 흐르다가 內蒙古自治区 赤峰市와 通遼市의 접경지대인 大楡樹 부근에서 시라무렌강을 받아들이고 여기서부터 西遼河로 불려지게 된다. 西遼河는 서쪽에서 동쪽으로 흐르다가 科爾沁左翼中旗 白音他拉에서 우측 지류인 敎來河를 받아들인 다음 계속하여 동쪽으로 흐르다가, 小瓦房에서 북쪽에서 흘러온 烏力吉木倫河와 만난 뒤에 꺾어져서 동남쪽으로 향하여 흐르다가 福德店 水文站 상류에서 좌측 지류인 東遼河와 합쳐진 뒤에 비로소 遼河라 부르게 된다.

遼河는 계속하여 남쪽으로 흐르다가 좌측 지류인 招蘇台河·淸河·柴河·泛河와 우측 지류인 秀水河·養息牧河·柳河 등을 받아들여 흐르며 六間房 水文站 부근에서 두 갈래로 나누어진다. 한 갈래는 서쪽으로 흘러 雙台子河라 호칭되고 盤錦市 盤山縣에서 繞陽河와 만난 다음 바다로 진입하게 된다. 다른 한 갈래는 남쪽으로 흘러가는데, 이는 外遼河라 부르며 三岔河 水文站에서

渾河·太子河와 합쳐진 뒤에는 大遼河라 부르게 된다. 營口에서 바다로 진입한다. 1985년에 六間房 부근에서 外遼河의 물줄기를 막아버린 다음 遼河로하여금 雙台子河와 함께 바다로 진입하도록 하였고, 渾河와 太子河는 大遼河를 통해서 바다에 진입하게 하였다.

河北·內蒙古·吉林·遼寧 4省 구역을 통과하여 흐르는 遼河의 전체 총길이는 1345킬로미터이다. 그러나 이상에서 말한 현대의 遼河는 고대 문헌 중에 보이는 고대의 遼水와 일치하는 것은 아니다. 예를 들어 고대의 大遼水는 곧 시라무렌강과 老哈河를 포함한 遼水의 칭호였다. 그런데 현대의 大遼河는 遼河 하류의 渾河와 太子河가 합쳐진 부분적인 지역만을 大遼河라 부르는 것 등이 그 하나의 좋은 예라고 하겠다.

漢末 桑欽의 『水經』은 遼水에 대하여 다음과 같이 기록하고 있다. "大遼水出塞外衛白平山 東南入塞 過遼東襄平縣西 又東南過房縣西 又東過安市縣西南入于海." "大遼水는 塞外의 衛白平山에서 발원하여 동남쪽으로 흘러 塞로 진입하여 遼東 襄平縣 서쪽을 지나고 또 동남쪽으로 房縣 서쪽을 지나고 또 동쪽으로 安市縣 서쪽을 지나 남쪽으로 바다에 유입된다"라는 뜻이다.

北魏의 酈道元은 『水經注』에서 塞外의 衛白平山이 어디에 있는 산인지를 설명하지 않고 遼水는 "砥石山에서 발원한다"는 설도 있다고 소개하였다. 砥石山은 현재 시라무렌강 상류 白岔山을 지칭한다고 吉林大學의 金景芳 교수가 여러 가지 고증을 통해 주장하였고, 지금 그것이 중국 역사학계의 공식적인 입장이 되어 있다.

酈道元은 또 『地理志』를 인용하여 "房縣은 옛 遼東의 屬縣이며 遼水는 또 오른쪽으로 흘러 白狼水와 합쳐지고 白狼水는 右北平 白狼縣을 통과하여 동남쪽으로 廣成縣 북쪽을 경과하여 서쪽으로 흐르고 북쪽으로 꺾어져서 廣成縣故城 남쪽을 지나간다"라고 하였다.

白狼水는 오늘날의 大凌河를 말하는 것으로 현재의 遼河는 大凌河와 합쳐지는 일이 없는데, 『水經注』에서는 어째서 "遼水가 오른쪽으로 흘러 白狼水와 합쳐진다"라고 말하여 현대의 遼河와 고대의 遼水가 차이를 보이는지 이 부분도 앞으로 연구해서 풀어야 할 과제라고 하겠다.

지금의 시라무렌강은 大興安嶺山地 赤峰市 克什克騰旗 紅山 北麓에서 발원

漢나라시대의 樂浪·玄菟 땅에 있다. 東西로 480리이다.
『水經』[2])에 말하기를, "遼水는 靺鞨國[3])의 서남쪽 山에서

하여 克什克騰旗·翁牛特旗·林西縣·巴林右旗를 지나 通遼市에서 老哈河와 합쳐져서 西遼河가 된다. 옛날에는 이를 潢水·饒樂水·吐護真水 등으로 호칭하였다. 전체 길이는 380킬로미터이다.
　『武經總要』에서 遼水에 대해 설명하면서 東西의 길이가 480리라고 한 것은 시라무렌강의 전체 길이가 380킬로미터인 것과 정확히 부합된다. 그리고 "白滄(狼)水와 만나서 安市城에 당도한다"라고 말한 것으로 볼 때 여기서 말하는 遼水는 현대의 大遼河가 아니라 『水經』에서 말하는 大遼水를 지칭한 것이 확실하다고 하겠다.

2) 『水經』: 중국 최초의 水系를 전문으로 기술한 책이다. 漢代의 著名한 학자요 지리학자인 桑欽의 저작으로 알려져 있다. 『水經』의 著者와 책이 완성 된 年代에 관하여는 여러 가지 설이 있다. 『隋書』「經籍志」에는 "『水經』3권은 郭璞이 注를 냈다"라고 기재되어 있고 『舊唐書』「經籍志」에는 『隋書』「經籍志」의 郭璞 '注'字를 '撰'字로 고쳐서 郭璞이 『水經』의 저자로 되어 있기도 하다. 다만 『新唐書』「藝文志」에는 桑欽의 저작으로 기재되어 있는데 宋代 이후 사람들의 저술에는 대부분 桑欽을 저자로 기술하였다. 『水經』은 『唐六典注』의 설명에 의거하면 河流 137條를 기록하고 河流마다 각각 一篇으로 만들었으며 아울러 「禹貢山水 澤池所在」 60條를 부록으로 첨가한 것으로 되어 있다. 그러나 桑欽이 저술한 『水經』原書는 유실되고 지금 전하지 않는다. 北魏시대 酈道元이 지은 『水經注』 가운데 보존되어 전하는데 단지 123편만 남아 있고 『唐六典注』에서 설명한 것보다는 14편이 적다.
　『水經』은 漢末 중국의 水道를 기록한 책이지만 한국의 고대사를 연구하는 데 있어서도 매우 중요한 의미를 갖고 있다. 고대 우리 민족의 주요 활동무대였던 遼水·浿水 등에 관해 기록하고 있기 때문이다. 특히 浿水는 古朝鮮의 강역을 밝히는 데 있어 결정적인 키의 역할을 할수 있는 부분인데, 桑欽의 『水經』에서는 "浿水가 鏤方縣에서 발원하여 동쪽으로 바다로 들어간다"라고 말한 반면 北魏 酈道元의 『水經注』에서는 "浿水가 동쪽으로 바다로 들어간다"

발원하여 남쪽으로 흘러 白滄水⁴⁾와 만나서 安市城⁵⁾에 도달한다⁶⁾"라고 하였다. 지금은 東京이라고 호칭한다.

라는 桑欽의 설을 반박하고 이를 "서쪽으로 바다로 들어간다"라고 수정하였다.
  그래서 浿水를 압록강 이남의 청천강으로 보는 일부 견해는 바로 이 酈道元의 설에 기초한 것이다. 그러나 漢武帝시대에 朝鮮을 공격하기 이전에 중국과 朝鮮의 국경선에 있던 浿水는 朝鮮河, 즉 오늘날 하북성 동북방 古北口 서쪽의 潮河였고 潮河는 옛 北夷 紫蒙 지역 지금의 豊寧滿族自治縣에서 발원하여 동쪽으로 흘러 발해로 들어간다. 漢代 桑欽의 "동쪽으로 바다로 들어간다"라는 기록이 정확히 사실에 부합되는 것이다. 酈道元이 고구려 사신을 만나서 물어보니 浿水는 "서쪽으로 바다로 들어간다"라고 하더라는 말을 들먹이며 "동쪽으로 바다로 들어간다"라는 말이 잘못되었다고 주장하였는데 이는 고구려의 浿水와 古朝鮮의 浿水를 구분하지 못한데서 온 오류이다.
  『水經』은 桑欽의 原書가 전해지지 않고 酈道元의 『水經注』 가운데 보존되어 전하기 때문에 이런 식으로 왜곡된 부분이 많을 것이고, 또 완전히 유실된 14편 가운데는 모르긴 하지만 東北史 연구에 도움이 될 내용이 적지 않았을 것이다. 안타까운 일이다.

3) 靺鞨國: 중국 고대 북방민족인 靺鞨族이 세운 나라. 靺鞨族은 滿族의 조상으로 알려져 있다. 이들은 商周시기에는 肅愼, 전국시대에는 挹婁, 北魏시대에는 勿吉로 불렸고 唐나라 때는 靺鞨로 호칭하였다. 그리고 宋·元 및 명나라 시기의 문헌 중에는 女眞으로 기록되어 있다. 靺鞨은 본래 7部로 나뉘었다가 唐나라 초기에는 黑水·粟末 2部만 남게 되었는데 10세기 이후의 女眞은 黑水 靺鞨에서 나온 후예로 본다.

4) 白滄水: 『地理志』에 "遼水右會白狼水"라 나오고 『魏土地記』에는 "白狼水下入遼也 又東流過安縣西 南入于海"라 기록되어 있다. 여기서 말하는 白滄水는 白狼水를 가리킨다는 것을 알 수 있다. 白狼水는 지금 朝陽市 남쪽을 흐르는 大凌河의 옛 이름이다.

5) 安市城: 安市城은 645년 봄 唐太宗 李世民이 大軍을 이끌고 친히 고구려

정벌에 나섰다가 실패하고 10월 13일 결국 퇴각하도록 하는 데 있어 결정적인 작용을 한 유명한 城으로서 중국 역사와 조선 역사상에 安市城 전투에 관한 상세한 기록이 남아 있다. 중국 역사학계에서는 이 고대의 安市城 遺址를 지금의 요녕성 海城市 八里鎭 英城子村 東山으로 비정하고 있다. 山城은 方形이고 동쪽은 높고 서쪽은 낮은 형태로 조성되어 있는데 英城子村의 원래 이름은 高麗 營子였다가 營城子로 바뀌었고 뒤에 또 다시 英城子로 바뀌게 되었다고 한다.

그러나 오늘의 海城市가 과연 옛 安市城인가 하는 문제는 앞으로 좀 더 연구를 필요로 한다고 본다. 왜냐하면 『水經』에서 "大遼水가 安市縣 서쪽을 지나 남쪽으로 바다에 유입된다"라고 말하였는데 大凌河와 합쳐진 大遼水가 어떻게 지금의 海城市 서쪽에서 바다에 진입하는가에 대한 연구가 미진하기 때문이다.

大凌河는 遼寧省 서부의 최대 河流로서 漢唐시기에는 白狼水, 遼나라 때는 靈河라 호칭하였으며 金나라 때 凌河로 고쳤다. 大凌河는 북쪽으로 遼寧省 凌源市에서 발원하고 서쪽으로는 河北省 平泉縣에서 발원하고 남쪽으로는 遼寧省 建昌縣에서 발원하여 발원지가 北·西·南 세 곳이 있다. 이처럼 세 군데에서 발원한 물이 하나로 합쳐져서 遼寧省 義縣·凌海市를 경유하여 발해에 유입된다.

大凌河 연안에는 凌源·建平·朝陽·北票·義縣·凌海市·大洼 이런 지역들이 위치하고 있다. 현재의 遼河는 白狼水와 아무런 관련이 없는 것으로 되어 있다. 발원지도 다르고 하류의 바다로 진입하는 지역도 같지 않다. 그런데 고대의 遼水는 『水經注』에서 遼水를 설명하는 짧은 문장 가운데 白浪水가 15차례나 등장할 정도로 白浪水와 관련이 깊다. 우리는 그 이유를 찾아내야 하는 것이다. 그래야 遼水가 서쪽으로 지나간다는 安市城의 정확한 위치도 밝혀지게 될 것이다.

6) ……도달한다: 『武經總要』에서 『水經』을 인용하여 "遼水는 靺鞨國의 서남쪽에서 발원하여 남쪽으로 흘러 白滄水와 만나서 安市城에 도달한다"라고 말했는데, 『水經』에는 이와 동일한 내용은 기재되어 있지 않다. 『水經』은 原書가 전하지 않으므로 원래 그 안에 이런 기록이 있었는데 나중에 유실된 것인지도 알 수 없는 일이다. 아니면 『水經注』에서 酈道元이 장황하게 설명한

小遼水[7]는 小遼山에서 발원하여 서남쪽으로 흘러 天梁水[8]
와 만난다. 나라의 서쪽에 있다.

것을 『武經總要』의 저자가 그것을 이런 식으로 간단히 요약한 것일 수도 있
을 것이다. 하지만 "遼水가 靺鞨國의 서남쪽에서 발원했다"라는 기록은 桑
欽의 『水經』과 酈道元의 『水經注』에 모두 보이지 않는데 어디에 근거한 것
인지 알 수 없다.

7) 小遼水: 지금의 渾河를 말한다. 漢唐 이전에는 小遼水로 불렸고 渾河는 遼
代 이후에 주로 불려진 호칭이다. 渾河는 撫順市 淸原縣 灤甸子鎭 長白山 支
脈의 滾馬嶺 서쪽에서 발원하여 淸原·新賓·撫順·瀋陽·遼中·遼陽·海
城·台安 등의 市·縣을 경유하여 三岔河에서 太子河와 합류하여 大遼河로
진입한다. 전체 길이는 415킬로미터이다.
  『水經注』에 "玄菟 高句麗縣에 遼山이 있다. 小遼水가 거기서 발원한다. 서
남쪽으로 흘러 遼隧縣에 이르러 大遼水에 진입한다"라고 하였는데 여기서
말하는 小遼水는 바로 오늘의 渾河를 가리킨다고 하겠다.

8) 天梁水: 『水經注』에는 "小遼水는 遼山에서 발원하여 서남쪽으로 흘러 遼陽
縣을 경유하여 大梁水와 만난다"라고 하였다. 따라서 『武經總要』에 보이는
天梁水는 大梁水의 誤記이거나 아니면 大梁水의 다른 이름이라고 보아야 할
것이다. 의미상으로는 天梁水라 해도 문제 될 것은 없겠지만 다른 자료들에
서는 梁水 또는 大梁水로 기록되어 있는 것을 볼 때 오기일 가능성이 더 높
다고 하겠다.
  大梁水는 오늘날은 太子河로 이름이 바뀌었다. 漢代 이전에는 衍水로 불렸
고 梁水 또는 大梁水라는 명칭은 遼·金시대에 부르던 명칭이다. 東梁水라고
도 하였다. 明代에는 代子河 또는 太資河라 호칭하기도 하였다. 太子河라는
이름은 전국시대 말엽에 燕太子 丹이 이 지역에 와서 몸을 숨겼기 때문에 그
래서 붙여진 명칭이라고 전해진다. 太子河는 상류에서 南北 두 갈래로 나뉘는
데 북쪽 갈래는 新賓縣에서 발원하고 남쪽 갈래는 本溪縣에서 발원한다. 남북
두 갈래는 本溪縣 아래 崴子에서 합류한 뒤에 비로소 太子河로 호칭하였다.

합류한 뒤의 太子河는 本溪縣 · 本溪市 · 燈塔縣 · 遼陽市 · 鞍山市 · 海城縣을 경유하여 三岔河 부근에서 小遼水 즉 渾河와 합류한다. 太子河의 전체 길이는 413킬로미터이다.

> 자료 원문

子部/兵家類/武經總要/前集/卷十六下/番介有名山川

遼水 在漢樂浪玄菟之地 東西四百八十里 水經云 遼水源出靺鞨國西南山 南流會白滄水 至安市城 今號東京 小遼水 源出小遼山 西南流 與天梁水會 在國西也

> 자료 해설

　이 자료에서는 遼水와 小遼水를 분리해서 설명하고 있다. 따라서 여기서 말하는 遼水는 당연히 大遼水를 지칭하는 것이다.
　『水經』에서 大遼水에 대한 설명을 살펴보면 이러하다. "大遼水는 塞外의 衛白平山에서 발원하여 東南쪽으로 塞로 진입하고 遼東 襄平縣 서쪽을 경과한다.(大遼水 出塞外 衛白平山 東南入塞 過遼東襄平縣西)"
　『水經』에서 말하는 塞外 衛白平山과 遼東 襄平縣의 소재지를 분석하면 大遼水의 정확한 위치가 밝혀진다.

　古代의 塞는 長城要塞를 말하는 것으로 塞北은 주로 萬里長城 이북지구의 河北·山西 北部를 가리키고 塞外는 萬里長城 밖의 承德을 중점으로 한 그 일대를 가리킨다고 할 수 있다.
　여기서 大遼水의 발원 지점을 塞北이라 말하지 않고 塞外라 하였으므로 萬里長城 外郭 지대인 오늘의 承德市 일대가 여기에 가장 접근하는 지역이라고 본다.
　그렇다면 오늘의 承德市 부근에 遼水의 발원지가 과연 있는가. 바로 承德市 동쪽에 위치한 平泉縣 서북쪽 柳西川이 지금 西遼河의 남쪽 발원지이다.

　그러면 衛白平山이란 어느 곳에 있는 산인가 현재 西遼河의 南源은 河北省 平泉縣 七老圖山 山脈의 光頭山에서 발원하는데 이 光頭山이 漢代에 桑欽이 『水經』을 저술할 때 衛白平山으로 불려졌던 것이 아닐까 생각된다.

　平泉縣은 塞外 즉 萬里長城 이외의 東夷 지역이고 특히 "燕東有朝鮮遼東"이라는 말에서 보듯이 고대 朝鮮에 해당하는 지역이라는 점을 감안한다면 光頭山이나 衛白平山은 우리나라 말을 漢字로 번역한 山名일 것이다. 그러면 漢字化 되기 이전의 우리 민족이 우리말로 부르던 이 山의 명칭은 무엇이었을까. 光頭山은 光은 '밝', 頭는 '터'를 의미한다고 본다. 頭는 중국발음으로 '터우'로 발음하기 때문이다. 바로 우리의 '밝달산, 밝터산'을 한자로 번역하면서 光頭山이 된 것이다. 역사상에서 살펴보면 우리말의 한자 번역은 왕왕 뜻과 음을 동시에 취하여 번역한 경우가 많았다.

　그러면 衛白平山은 무엇인가. 앞에 衛가 붙은 것은 漢나라 武帝 때 古朝鮮을 정복하였고 그 朝鮮은 衛滿朝鮮이었으므로 漢末까지는 그 지역이 衛滿의 땅이라는 인식이 저들에게 남아 있었을 것이다. 그래서 白平山 앞에 衛滿의 衛字를 덧붙였을 가능성이 많다고 보여진다.

　漢唐 이후 이 지역에 東夷 지역을 平定했다는 뜻으로 北平·右北平·平泉·建平·灤平 등 平字가 많이 사용된 것을 볼 수 있는데, 白平의 平字 역시 그런 차원에서 이해할 수 있을 것이고 白은 밝달의

'밝'에서 온 것임이 분명하다. 우리 민족과 관련된 고대 지명에서는 白岳山·太白山 등에서 보듯이 白字가 반드시 개입되어 있기 때문이다. 그렇다면 衛白平山은 衛滿朝鮮의 밝달산에서 유래한 지명일 가능성이 없지 않다고 하겠다.

그리고 北魏 酈道元의 『水經注』에서는 "遼水亦言出砥石山"이라고 말하고 있는데, 이것은 西遼河의 북쪽 발원지를 가리킨 것이라고 본다. 西遼河는 南北 두 개의 발원지가 있어 南源은 平泉縣에서 발원하는 반면 北源은 내몽고자치구 克什克騰旗 白岔山에서 발원한다.

桑欽의 『水經』에서는 南源만 설명한 것을 酈道元의 『水經注』에서는 北源을 아울러 소개하여 이를 보완한 것이다. 그리고 桑欽은 또 大遼水의 중간 경유지에 대해 『水經』에서 "又東南過房縣西"라고 말하였다. 酈道元은 『水經注』에서 房縣에 대해 『地理志』를 인용하여 "房故遼東之屬縣"이라고 간단히 설명하였다. 그리고 酈道元은 또 다음과 같이 기록하고 있다. "地理志 曰 渝水自塞南入海 一水東北出塞 爲白狼水 又東南流 至房縣 注于遼 魏氏土地記曰 白狼水 下入遼也." 즉 白狼水가 동남쪽으로 흐르다가 房縣에 이르러 遼水에 주입된다는 것인데, 白狼水는 오늘의 大凌河의 다른 이름이다.

우리가 여기서 桑欽의 『水經』과 酈道元의 『水經注』에서 말하는 大遼水에 대한 내용을 종합적으로 검토해 볼 때 오늘의 老哈河·大凌河·西拉木倫河 일대의 西遼河 유역을 가리킨다는 것을 알 수 있다.

『武經總要』에서 遼水에 대해 설명하면서 "遼水는 靺鞨國의 서남쪽에서 발원하여 남쪽으로 흘러 白滄水와 만나서 安市城에 도달한다"라고 말한 것은 바로 이상과 같은 『水經』과 『水經注』의 遼水에 대한 장황한 설명을 이처럼 요약한 것이라고 할 수 있겠다.

　『武經總要』에서 遼水를 설명하면서 東西로 480리라고 한 것은 그 전체 길이를 말한 것인데 남쪽 발원지인 老哈河는 길이가 총 426킬로미터이고 북쪽 발원지인 시라무렌강은 길이가 총 380킬로미터이다. 老哈河는 남쪽에서 동북쪽으로 흐르고 시라무렌강은 서쪽에서 동쪽으로 흐르는데 老哈河가 46킬로미터가 더 길다. 따라서 老哈河가 大遼水의 主流라고 할 수 있는데, 이는 老哈河의 전체 길이를 말한 것이 아닐까 여겨진다.

　그런데 우리가 한국의 고대사와 관련해서 이 자료를 주목하는 까닭은 바로 이 遼水가 "漢나라시대의 樂浪·玄菟의 땅에 있다"라고 말하고 있는 점이다. 바꾸어 말하면 오늘의 老哈河·西拉木倫河·大凌河 유역 일대에 漢나라 때 고조선을 평정하고 설치한 玄菟·樂浪이 있었다라고 말하고 있기 때문이다.

　간혹 중국의 문헌에서 樂浪이 遼東에 있었다는 기록이 나오기는 하지만 遼東에 대한 개념이 명확하지 않기 때문에 樂浪의 정확한 위치를 파악하는 데 한계가 있을 수밖에 없었다.

　그러나 『武經總要』는 遼水를 大遼水와 小遼水로 구분하여 설명하면서 "大遼水는 漢나라시대의 樂浪·玄菟 땅에 있었다"라고 말함으로써 오늘의 遼河 동쪽 遼東에 樂浪·玄菟가 있었던 것이 아니라, 오늘의 西遼河 상류인 遼西 지역에 樂浪·玄菟가 있었다는 사실을 분명히 하고 있다.

오늘의 遼西는 遼寧省 서부를 가리키지만 고대의 遼西는 遼寧省 서부, 河北省 동북부, 內蒙古 남부 지역을 통 틀어 遼西라고 하였다.

그 이유는 위에서 大遼水의 설명에서 본 바와 같이 遼水의 경유지 大凌河는 遼寧省 서부에 있고 남쪽 발원지 平泉縣은 河北省 동북쪽에 있고 북쪽 발원지 克什克騰旗는 內蒙古 남쪽에 있어 大遼水 유역은 이들 세 지역을 모두 포괄하고 있기 때문이다.

老哈河·西拉木倫河·大凌河 유역은 秦漢唐 이후 鮮卑 契丹族의 주요 활동 무대가 되었다. 그러나 춘추전국시대로 올라가면 이들의 존재는 역사상에 나타나지 않는다.

戰國시대 오늘의 河北省 중부에 燕나라가 있을 때 그 동쪽에 朝鮮이 있었다. 전국시대 이전에 塞外 즉 長城의 밖에서 大遼河 유역을 중심으로 활동한 것은 朝鮮人이었던 것이다. 그러나 엄격히 말하면 이들은 朝鮮과 별개의 민족의 아니라 朝鮮과 뿌리를 같이 하는 北夷·東北夷·九夷의 자손인 것이다.

그동안 樂浪이 대동강 유역 평양에 있었다는 반도사관이 우리 역사를 100년 가까이 왜곡해 왔다. 그러나 이런 유치하기 이를 데 없는 주장은 이제 더 이상 논할 가치도 없다고 여겨진다.

> 자료 출전

『武經總要』

  北宋 仁宗 趙禎시기의 文臣 曾公亮(999~1078)과 丁度(990~1053)가 皇帝의 명을 받들어 4년 동안 공력을 들여 편찬한 책으로 중국 최초의 官撰 軍事 저작이다. 본서는 전집과 후집으로 나누어 구성되어 있으며 전·후집이 각 20권으로 총 40권이다.
  전집은 軍事制度와 관련된 내용이 15권이고 邊防 관련 기록이 5권인데 16권과 18권은 각각 상·하권으로 분리했다. 후집은 전쟁 故事 관련 내용이 15권이고 占候와 관련된 기록이 5권이다.

  전집 20권은 宋代의 군사제도를 상세하게 반영했는데 選將用兵·敎育訓練·部隊編成·行軍宿營·古今陣法·通信偵察·城池攻防·火攻水戰·武器裝備 등을 모두 포괄하고 있다. 특히 營陣·兵器·器械 부문에서는 모두 상세한 揷圖를 곁들이고 있어 중국 고대 兵器史를 연구하는 데 매우 귀중한 자료가 되고 있다.

후집 20권은 역대 用兵의 故事를 수집 기록하여 적지 않은 고대 전쟁 사례 자료를 보존하고 있다. 또 여기서는 역대의 전쟁과 전쟁 사례 그리고 用兵의 득실 등을 분석 평가하는 작업을 하였다. 본서는 군사이론과 군사기술 양대 부분을 포괄하여 비교적 높은 학술적 가치를 지니고 있다고 할 수 있다.

북송시대 전기에는 변경 방위에 대한 수요가 컸다. 따라서 문무관원들에게 역대 군사정책과 군사이론에 대한 연구가 제창되었다. 중국 최초의 官撰 신형 兵書라 할 수 있는 『武經總要』가 북송시기에 편찬된 것은 이런 시대적 배경과 관련이 없지 않다고 하겠다.

본서는 北宋 慶歷 연간(1041~1048)에 처음 간행되었고 南宋 紹定 4년(1231)에 重刊되었으나 宋刊本은 지금 전하지 않는다. 현재 전하는 版本으로는 明 弘治·正德 연간에 南宋 紹定本에 의거하여 重刻한 本, 明 弘治 17년(1504) 李贄의 刻本, 明 金陵書林 唐福春의 刻本, 『四庫全書』本 등이 있다.

제 6 장
평주 낙랑
平州 樂浪

> 자료 역문

『通鑑地理通釋』 권10 「遼東」

遼東

『地理志』에 "燕나라 땅은 동쪽에 遼東이 있다"라고 하였다. 『匈奴傳』에는 "燕나라가 遼東郡을 설치하여 胡를 방어했다"라고 하였다.

『通典』에는 "舜이 설치한 營州는 遼水의 동쪽이 이곳이다. 燕나라 때는 遼東郡이라 하였고 秦漢시대에도 그대로 遼東郡이라 하였다. 동쪽으로는 樂浪과 통하였다. 晉나라 때 平州를 설치했고 後魏시대에 高句麗國이 그 땅에 도읍했으며 唐나라 때는 安東都護府를 설치했다"라고 하였다. 至德(唐肅宗의 연호, 756~758) 이후에 폐지되었다.

> 자료 원문

史部/編年類/通鑑地理通釋/卷十/遼東

遼東
地理志 燕地 東有遼東 匈奴傳 燕置遼東郡 以距胡
通典 舜營州 遼水之東是也 燕遼東郡 秦漢因之 東
通樂浪 晉置平州 後魏時 高麗國都其地 唐置安東都
護府 至德後廢

| 자료 해설 |

  이 자료는『地理志』·『匈奴傳』·『通典』등을 인용하여 遼東의 위치를 설명하고 있다. 遼東은 한국 고대사 연구에서 매우 중요한 의미를 갖는다. 遼東의 위치가 어디냐에 따라서 古朝鮮·樂浪·高句麗의 위치가 결정되기 때문이다. 그러면 여기서 본 자료에 인용된 내용을 하나하나 분석해 보기로 한다.

  이 자료에서는『地理志』를 인용하여 "燕나라 동쪽에 遼東이 있다"라고 밝히고 있는데, 蘇秦이 燕文侯에게 遊說하면서 최초로 한 말인 이 내용은『戰國策』권29「燕」1,『史記』권69「蘇秦列傳」등에 나와 있다.

  燕나라 동쪽에 遼東이 있었다면 遼東의 정확한 위치를 밝히기 위해서는 먼저 燕나라의 위치가 밝혀져야 할 것이다.『通鑑地理通釋』권10「薊」條에는 燕國의 都城 薊와 관련하여 다음과 같은 기록이 나온다.

  "周武王封帝堯之後於薊 燕國都薊 秦屬上谷 韓廣自立為燕王 項氏封臧荼 漢封盧綰為王 皆都其地 東漢立幽州 前燕慕容儁 自和龍徙都於此 宋宣和為燕山府 郡縣志 燕山 在薊州漁陽縣 東南六十里 召公所

封燕 在幽州城 取此山爲名"

이 기록에 따르면 周武王이 帝堯의 후손을 薊에 봉하였고 燕國이 薊에 도읍을 정하였는데 薊는 秦나라 때로 말하면 上谷郡에 해당하는 지역이다.

韓廣이 스스로 燕王이 되었고 나중에 項羽가 臧茶를 燕王으로 봉하였으며 漢高祖 劉邦은 그의 고향친구인 盧綰을 燕王으로 봉하였는데 이들이 모두 薊를 도읍으로 하였다.

東漢시대에는 여기에 幽州를 설치했고 前燕王 慕容儁은 和龍으로부터 이곳으로 도읍을 옮겼으며 宋나라 宣和 연간에는 이곳이 燕山府로 되었다.『郡縣志』에는 "燕山이 薊州 漁陽縣 동남쪽 60리에 있다"라고 기록되어 있는데 召公을 봉한 燕나라는 幽州城에 있었으며 이 燕山에서 따다가 燕나라라고 이름을 붙였다는 것이다.

이상에 인용한 자료를 통해서 본다면 전국시대 燕나라의 國都는 薊에 있었고 薊는 秦나라 때로 말하면 上谷郡에 속하는 지역이었음을 알 수 있다. 秦나라 때 上谷郡은 오늘날로 말하면 涿鹿·懷來 일대가 여기에 해당하는 지역이다.

그러면 이때 燕나라의 국토면적은 얼마나 되었는가?『戰國策』의 기록에서 蘇秦이 燕文侯에게 언급한 데 따르면 당시 燕의 강역은 "地方二千里"라고 하였다.

燕文侯 시기의 강역은 國都 薊를 기준으로 그 남서쪽에 2,000리

의 영역이 분포되어 있었다고 본다. 그것은 그 뒤 燕昭王 때 燕將 秦開가 북쪽으로 東胡를 물리쳐 1,000리 땅을 빼앗아 거기에 上谷·漁陽·右北平·遼西·遼東 5郡을 설치했다는 기록을 통해서 알 수 있다. 즉 전국시대 燕의 영토는 초기에는 주로 오늘의 하북성 중부 이남과 산서성 동쪽에 2,000리의 영토가 있었으며 燕昭王 시대에 이르러 하북성 중부 이북의 북방영토가 1,000여 리 정도 확대될 수 있었던 것이다. 따라서 燕나라는 燕文侯 시기까지도 그 영토는 2,000리에 불과했으며 가장 전성기인 燕昭王시대에 이르러 비로소 3,000리의 땅을 확보했다고 말할 수 있다.

하북성 중서부를 기준으로 燕의 영토를 2,000리를 계산하면 燕의 동쪽 국경선은 어디쯤 되었을까. 아마도 오늘의 潮白河를 넘지 않았을 것이다. 따라서 전국시대 蘇秦이 말한 燕나라 동쪽에 있었던 遼東은 오늘의 潮白河 부근에 있었을 가능성이 높다. 뒤에 많은 사람들이 이 때의 遼東을 후대 遼河 부근의 遼東과 혼동하여 왕왕 역사를 왜곡하는 일이 빚어지곤 하였다.

그리고 이 자료는 『通典』을 인용하여 "遼東은 동쪽으로 樂浪과 통하였다"라고 말하고 있다. 이는 燕의 동쪽에 遼東이 있고 遼東의 동쪽에 樂浪이 있었음을 의미한다. 바로 오늘의 潮河 동쪽에 遼東이 있고 그 遼東의 동쪽에 樂浪이 있었던 것이라고 하겠다. 그리고 晉나라 때는 이 일대에 平州가 설치되었는데 『通鑑地理通釋』「晉十九州」條에는 "平治昌黎 漢遼西交黎 唐安東府"라는 기록이 나온다. 이는 "平

州는 昌黎를 治所로 하였는데 昌黎는 漢의 遼西郡 交黎縣 지역이고 唐나라 때는 安東府가 설치된 곳"이라는 뜻이다.

　이것은 燕나라 동쪽에 있던 遼東郡이 漢나라 때는 遼西郡 交(夫)黎縣으로 되었다가 晉나라 때 平州가 설치되었으며 唐나라 때는 安東府로 바뀌었다는 설명이 되는 것이다.
　그리고 이 자료는 또 後魏 즉 北魏시대에 이르러서는 高句麗가 이 지역에 도읍을 했다고 말했다. 즉 燕나라 때의 遼東郡, 晉나라 때 平州가 설치되었던 그 곳에 北魏시대에 高句麗가 도읍을 정했다는 이 기록은 그간 우리의 고구려사에 대한 상식을 완전히 뒤집어 놓은 충격적인 내용이 아닐 수 없다.

　고구려가 後魏시대에 오늘의 하북성 潮河 유역에 도읍을 정하고 있었고 따라서 唐나라 때 고구려를 멸망시키고 설치했다는 安東都護府는 한반도 대동강 유역 평양에 설치된 것이 아니라 潮河유역 平州에 있던 고구려 수도를 함락시키고 거기에 설치했던 것이다. 그리고 唐이 설치한 安東都護府는 직접 통치기구가 아닌 羈縻정책의 한 수단에 불과했고 그것마저도 安祿山의 亂이 일어나 中原이 혼란에 빠지자 唐肅宗 至德(756~758) 이후로는 폐지되었던 것이다.

> 자료 출전

『通鑑地理通釋』

　南宋 末年의 학자 王應麟(1223~1296)이 『通鑑』의 地理에 관한 내용을 간추려 注釋을 낸 책으로 총 14권이다. 宋나라가 멸망한 다음 해 즉 元世祖 至元 17년(1280)에 완성되었다.

　王應麟은 본래 河南 開封 사람인데 뒤에 慶元(지금의 浙江 寧波)으로 옮겨와 살았다. 南宋의 理宗·度宗·恭帝 三朝를 내리 섬겼고 벼슬은 吏部尙書에 이르렀다.

　南宋이 멸망한 이후에는 鄕里에 은거하며 독서와 저술로 생애를 보냈다. 은거하는 20년 동안 쓴 그의 저작에는 甲子만 기록하고 年號는 적지 않아 元朝에 대해 신하로 자처하지 않는다는 신념을 나타냈다.

　그는 일생 동안 본서 이외에 『困學紀聞』·『玉海』·『詩地理考』·『漢制考』 등 23종 600여 권에 달하는 많은 저작을 남겼는데 그 중에서도 지명도가 가장 높은 것은 중국문화의 정수를 三字의 歌訣로 표현한 兒童啓蒙用 도서『三字經』이다.

저자는 天文·地理·歷史·文學 등 여러 분야에 조예가 뛰어났는데 특히 역사지리 고증 방면에 연구가 깊었다. 본서는 바로 그러한 연구결과의 한 산물이다.

전체적인 내용을 일별해보면 권1~권3은 「歷代州域總叙」, 권4는 「歷代郡邑考」, 권5는 「十道山川考」, 권6은 「周形勢考」, 권7은 「名臣議論考」, 권8~권11은 「七國形勢考」, 권12는 「三國形勢考」, 권13은 「晉宋齊梁陳形勢考」·「河南四鎭考」, 권14는 「東西魏周齊相攻地名考」·「唐代河湟十州考」·「后晉十六州考」이다.

본서는 書名은『通鑑地理通釋』이라고 붙였지만 다루고 있는 내용은 사실『通鑑』에 기재된 地名에 국한되지 않고 고금의 地理를 광범위하게 고증하고 있다는 것을 알 수 있다. 인용한 자료의 폭이 넓고 고증이 대체로 정확하다는 평가를 받고 있다.

제 7 장
평주 낙랑
平州 樂浪

> 자료 역문

『大事記續編』권24

갑오 晉世祖 武皇帝 泰始 10年[1] 吳歸命侯 鳳凰 3年[2] 봄 正月 乙未에 日食이 있었다. 『通鑑』을 기준으로 하여 정리함.

閏月 丁亥에 詔書를 내리기를, "지금으로부터는 妾媵으로써 正嫡을 삼을 수 없다"라고 하였다.『本紀』를 기준으로 하여 정리함. 幽州를 분할하여 平州를 설치하였다.『本紀』를 기준으로 하여 정리함.

解題: 幽州는 7개의 郡과 國을 관할했다. 范陽郡 지금의 涿州·雄州·易州·霸州 4州의 땅이다. 燕國 지금의 涿州·薊州 2州의 땅이다.

---

1) 泰始 10年: 泰始(265년~274년)는 西晉 皇帝 晉武帝 司馬炎이 사용한 첫 번째 年號이다. 司馬炎은 曹魏의 元帝를 핍박하여 퇴위시키고 西晉 王朝를 세운 다음 모두 10년 동안 이 연호를 사용하였다.

2) 鳳凰 3年: 孫吳의 마지막 황제인 孫皓의 연호로 272년~274년까지 3년 동안 이 연호를 사용하였다.

北平郡 지금의 經州·薊州·檀州·營州 4州의 땅이다. 上谷郡 지금의 媯州의 땅이다. 廣寧郡 지금의 媯州의 땅이다. 代郡 지금의 雲中路의 奉聖州·蔚州·儒州 3州의 땅이다. 遼西郡 지금의 平州·景州 2州의 땅이다.

平州는 5개의 郡과 國을 관할했다. 遼東國·昌黎郡·樂浪郡·玄菟郡·帶方郡이다. 宋나라 때는 營州에 소속되었는데 安東都護府의 땅이다.

史部/編年類/大事記續編/卷二十四

甲午 晉世祖武皇帝 泰始十年 吳歸命侯 鳳凰三年 春正月 乙未 日有食之 以通鑑修 閏月丁亥詔 自今不得以妾媵 為正嫡 以本紀修 分幽州 置平州 以本紀修 解題曰 幽州 統郡國七 范陽 今涿易雄霸 四州之地 燕國 今涿薊二州之地 北平 今經薊檀營 四州之地 上谷 今媯州之地 廣寧 今媯州之地 代 今雲中路 奉聖蔚儒三州之地 遼西 今平景二州之地 平州統郡 國五 遼東國 昌黎 樂浪 玄莵 帶方 宋屬營州 安東都護府 之地

| 자료 해설 |

 다른 여러 자료를 통해서 晉나라 때 幽州를 분할하여 平州를 설치한 기록을 접하게 된다. 그런데 거기서 말하는 晉나라가 과연 東晉인지 西晉인지 정확하게 설명되어 있는 자료는 많지 않다.
 본 자료는 그것이 바로 西晉 武帝 司馬炎의 泰始 10년(274)에 있었던 일임을 밝히고 있어 당시의 정확한 시기를 파악하는 데 참고가 된다.

 그리고 西晉 武帝 10년에 幽州에서 遼東國·昌黎郡·樂浪郡·玄菟郡·帶方郡 5개 郡·國을 분리하여 따로 平州를 설치하였는데 그 平州를 설치한 지역이 과연 오늘의 어느 곳에 해당하는가 하는 것이 항상 난제로 대두되었다. 그런데 본 자료는 그 지역이 宋나라 때의 營州 安東都護府에 소속한 땅이었다라고 밝히고 있어 당시의 平州가 설치된 정확한 위치를 살피는 데 크게 도움이 된다. 이제 宋나라 때의 營州 安東都護府가 있던 지역을 추적하면 西晉시대에 樂浪·玄菟·帶方을 관할했던 平州의 위치가 나타나게 되는 것이다. 西晉시대의 樂浪郡·玄菟郡의 위치를 밝히는 일이 중요한 까닭은 漢武帝 때 설치된 樂浪·玄菟가 西晉 武帝시기에 이르기까지 변동된 적이 없었으며 따라서 西晉 武帝시기의 樂浪·玄菟는 곧 漢武帝

시기의 樂浪·玄菟와 동일한 지역이라고 여겨지기 때문이다.

그러면 이제 宋나라 때 營州와 安東都護府가 어디에 있었는지 관련 자료를 검토해 보자. 宋나라 때 樂史가 지은 『太平寰宇記』권71의 宋代 地理를 설명한 곳에 보면 檀州 앞에 營州가 나온다. 『太平寰宇記』는 營州의 역사적 변천과정을 상세히 소개하고 있는데 "營州는 殷나라 때 孤竹國이었고 燕나라 때는 遼西·右北平郡 지역이었으며 秦·兩漢시대는 遼西郡 지역이었고 16국시대는 鮮卑 慕容皝의 도읍지였으며 隋·唐시대에는 營州에서 柳城郡으로 다시 柳城郡에서 營州로 변천되었다"라는 내용으로 요약된다.

『太平寰宇記』에서 營州와 이웃한 檀州를 지금 북경시 密雲縣 일대로 설명하고 있는 것으로 볼 때 營州는 바로 옛 孤竹國 지역인 지금의 하북성 盧龍·遷安 일대를 가리킨다는 것을 알 수 있다. 이 일대가 隋·唐·宋시대에는 營州로 秦漢시대에는 遼西郡으로 殷시대에는 孤竹國으로 불렸던 것이다.

그러면 宋나라 때 安東都護府는 어디에 있었는가. 『太平寰宇記』는 安東都護府가 唐나라 高宗 때 平壤城에 처음 설치되었고 나중에 遼東郡 故城·新城·平州 등지로 옮겨 다녔으며 최후에 遼西 故郡城으로 옮겨 폐지된 사실을 설명하였다.

그리고 뒤에 다음과 같은 내용을 덧붙이고 있다. "燕州 이하로 부터 19州는 다 東北 蕃方의 항복한 胡族들의 幽州·營州 경계 안에 분산되어 거주하는 이들로서 州의 이름으로써 羈縻한 것일 뿐 役屬은 없었다. 安祿山의 亂에 이들은 모두 도둑으로 돌변하여 드디어 中原을 요란시켰다. 至德 이후에는 들어가 河朔을 점거하였는데 그 部落의 명칭은 지금 남아 있는 것이 없다. 이제 唐天寶의 故跡 地理를 기록한다."이 기록에 따르면 宋나라 때의 安東都護府는 그것을 따로 설치한 것이 아니라 唐天寶 연간의 故跡 地理를 그대로 적어 놓은 것에 불과한 것임을 알 수 있다.

唐나라 때의 安東都護府는 唐開元 2년에 平州로 옮겼고 天寶 2년(743)에 遼西 故郡城으로 옮겼다가 至德(756~757) 이후에는 폐지되었다. 宋나라는 唐나라를 이어 건국된 나라로서 安東都護府를 포함한 燕州 이하 19州의 東北方 胡族들의 관련 기록은 唐天寶 연간의 故跡 地理에 따라 그대로 적어 놓은 것에 불과하니 宋나라 때의 安東都護府란 天寶 2년에 遼西 故郡城으로 옮겼던 唐의 安東都護府를 가리킨다고 보아 큰 무리가 없을 것이다.

그러면 安東都護府가 최후에 설치되었던 遼西 故郡城은 遼西郡과는 어떻게 다른 것인가. 『大事記續編』의 「解題」에서 "幽州는 范陽 · 燕國 · 北平 · 上谷 · 廣寧 · 代 · 遼西 7개 郡國을 관할하고 平州는 遼東國 · 昌黎 · 樂浪 · 玄菟 · 帶方 5개 郡國을 관할했다"라고 말하였다. 이는 西晉 武帝시기까지 遼西는 幽州 지역에 포함되어 있었던 것을 설명한다. 그런데 『太平寰宇記』에는 「營州」條에 "後魏시대에 또 平州 경계에 遼西郡을 설립하여 平州에 소속시켰다.(後魏又於平州界 立遼西郡 屬平州)"라는 기록이 나오고 있다.

이는 遼西郡은 본래는 幽州 지역에 포함되어 있었는데 나중에 後魏시기에 이르러 幽州를 분할하여 만든 平州 지역에 遼西郡을 새로 설치한 사실을 말해 준다.

즉 後魏시대에 遼西郡은 幽州에 속해 있던 舊 遼西郡과 平州에 속한 新 遼西郡으로 명칭 상에 두 개의 遼西郡이 존재하게 된 셈이다. 따라서 後魏시대 이후에는 본래 幽州에 포함되어 있던 舊 遼西郡을 平州에 새로 설립한 新 遼西郡과 구분하여 이를 遼西 故郡城으로 불렀으리라는 것은 짐작이 가는 일이다.

그러면 여기서 다시 당시 平州가 어디에 위치하고 있었는지 알아보는 것이 필요하다. 『太平寰宇記』 권70, 「平州」 條에 의거하면 이 지역은 "春秋시대에 山戎의 孤竹國, 白狄의 肥子國 2國의 땅이었고 秦·兩漢시대엔 右北平 및 遼西 2郡의 땅이었으며 唐나라 때는 北平郡으로 고쳤다가 다시 平州로 되었다"라고 소개하고 있다.

결국 宋나라 때의 營州와 安東都護府 그리고 平州지역은 秦漢시대의 遼西郡·右北平郡의 범주를 벗어나지 않았다는 것을 알 수 있다. 여기서 秦漢시대의 遼西·右北平郡 지역은 春秋시대의 孤竹國 땅이었고 春秋시대의 孤竹國 땅은 지금의 하북성 동쪽 盧龍縣 일대라는 결론에 도달하게 된다. 盧龍縣에는 지금 伯夷·叔齊 讀書處·首陽山·夷齊井·夷齊廟 등 伯夷·叔齊와 관련된 유적들이 상당부분 보존되어 있어 이곳이 고대 伯夷·叔齊의 나라 孤竹國이었음을 무언으로 대변해 주고 있다.

　이상의 논리를 정리하면 고대에 오늘의 北京市를 포함한 하북성 중부 동북부 지역을 幽州라고 하였고 西晉시대에 幽州에서 북쪽부분은 幽州로 그대로 놓아두고 동쪽부분만을 따로 분할하여 平州를 설치하여 여기서 遼東國·昌黎郡·樂浪郡·玄菟郡·帶方郡 즉 4개의 郡과 1개의 國을 관할하게 하였다. 이 지역은 春秋시대에는 伯夷·叔齊의 나라 孤竹國의 땅이었고 宋나라 때는 營州와 安東都護府의 땅이었다라는 내용으로 요약된다. 따라서 이 자료를 토대로 살펴본다면 樂浪·玄菟·帶方은 한반도 대동강 유역에 설치되었던 것이 아니라 하북성 옛 孤竹國 땅 부근의 灤河 유역에 있었던 것이 확실하여 더 이상 재론의 여지가 없다고 하겠다.

　그리고 『太平寰宇記』 권71 「營州」 條, 권70 「平州」 條에서 이를 모두 秦·漢시대의 右北平·遼西 지역이라고 설명하였는데 『太平寰宇記』 권189 「北狄總述」 條에는 右北平·遼東郡의 보다 확실한 위치를 밝힐 수 있는 중요한 내용이 다음과 같이 기록되어 있다.

　"……其後燕將 襲破東胡千餘里 燕亦築長城 自造陽至襄平 ○註 造陽 地在今嬀州郡之北 襄平 即遼東所理 今安東都護府 自造陽至襄平 凡一千四百餘里 因置上谷 漁陽 右北平 遼東等四郡……"

　『史記』 「匈奴傳」에 "燕나라 장수 秦開가 東胡를 격파하여 千餘里를 물리치고 거기에 造陽으로부터 襄平까지 長城을 쌓아 上谷·

漁陽・右北平・遼西・遼東 등 郡을 설치했다"라고 말하였는데, 이때 여기서 말한 燕長城의 東端 襄平이 과연 어디인가를 두고 논란이 많았다. 중국학자들의 대체적인 견해는 襄平을 요녕성 遼陽으로 보는 견해가 지배적이다. 더구나 동북공정 이후에는 長城의 동쪽 끝을 압록강 너머 대동강 유역까지 끌어들이는 경향도 없지 않다. 고대의 遼東이 대동강 유역까지 포함했다고 주장하는 시각들에 그러한 점이 잘 반영되어 있다 하겠다.

그러나 『太平寰宇記』는 燕나라 長城의 서쪽 출발지점인 造陽에서 동쪽 끝인 襄平까지는 1,400여 리였다고 설명하고 있다. 造陽은 嬀州郡 북쪽 지역에 있는 땅이라고 하였는데 『太平寰宇記』에서 권71 「河北道」의 〈嬀州〉 條를 살펴보면 嬀州는 오늘날의 북경시 서쪽 涿鹿 일대를 가리킨다.

涿鹿의 북쪽에서 동쪽으로 1,400리에 襄平이 있었다면 그 襄平이 요녕성의 遼陽이 될 수가 없고 더구나 압록강 너머 대동강 유역까지 포함된다는 것은 상상할 수도 없는 일이다. 왜냐하면 이는 1,400여 리가 아니라 8,000리도 넘는 먼 거리이기 때문이다. 그러면 涿鹿의 북쪽에서 동쪽으로 1,400리는 대강 오늘날의 어디쯤에 해당할까? 아마도 潮河・난하 유역을 크게 벗어나지 않을 것이다. 즉 上谷・漁陽・右北平・遼西는 오늘의 潮河를 중심으로 그 서쪽에 있었고 遼東郡 襄平이 그 가장 동쪽 끝 潮河 유역에 위치하고 있었다고 보아야 할 것이다. 따라서 宋나라 때의 安東都護府는 바로 燕·秦漢시대의 涿鹿에서 동쪽으로 1,400리 떨어진 遼東의 治所였던 襄平에 그리고 營州는 거기서 조금 더 서쪽으로 燕·秦·漢시대 右北平이 설치되었던 지역에 있었다는 결론에 도달하게 되는 것이다.

宋王朝는 北宋과 南宋으로 나뉘는데 지금의 杭州로 천도한 이후의 南宋은 겨우 중원의 한쪽 귀퉁이를 차지하여 명맥이나 유지한 정도이니 족히 말할 것이 없고 北宋 왕조 역시 당시에 遼·西夏·吐蕃 등이 병립하여 중원을 통일한 왕조로서 간주하기는 곤란한 면이 있다.

당시 강역의 판도를 살펴보면 遼와 高麗는 동북방, 西夏와 吐蕃은 서남방을 차지하고 있었고 北宋은 동남방에 위치하고 있었는데 北宋의 강역은 북쪽으로 雁門山·大茂山·白溝를 경계선으로 遼國과 마주하고 있었다. 燕州·雲州 등 16州를 상실함으로 말미암아 宋의 동북방 영토는 唐나라 때 비해서 크게 위축된 상태였으며 하북성 중부 이남을 넘지 못했던 것이다. 그런 宋나라의 營州·安東都護府가 어떻게 압록강 건너 대동강 유역에 설치될 수 있었겠는가. 宋나라 때의 營州·安東都護府가 燕雲 16州 안에 포함되어 있었고 대동강 유역에 설치되지 않았다면 그 지역에 있었다는 西晉시대의 樂浪·玄菟·帶方도 대동강 유역에 없었던 것이 분명한 것이다.

宋나라는 사실 동북방의 燕州·雲州 등 燕雲 16州를 상실하는 바람에 대동강 유역은 말할 것도 없고 조하·난하 유역도 이미 그들의 영토가 아니라 遼나라의 영토였다. 그러나 그들의 의식 속에는 조하 유역의 營州·安東都護府가 본래 그들의 영토라는 생각이 자리 잡고 있었고 그래서 비록 현실적인 영토주권은 遼에 있지만 역사적인 영토주권은 자신들에게 있다는 입장에서 영토와 관련된 기록을 남길 때는 燕雲16州도 함께 자신들의 영토 안에 포함시켰다. 『太平寰宇記』나 『大事記續編』의 宋朝 영토 관련기록은 그런 점을 감안하고 이해해야 오류를 범하지 않는다.

자료 출전

『大事記續編』

이 책은 呂祖謙이 쓴 『大事記』를 이어 편찬된 것이다. 체제는 呂祖謙의 『大事記』와 동일한데 오직 각 조항의 아래에 저자의 解題를 덧붙인 점이 다르다. 元末 明初의 學者 王禕(1322~1373)가 편찬했으며 총 77권이다. 王禕는 義烏(지금 浙江에 속함)사람으로 元末에 青岩山에 은거하며 저술에 종사하였는데 朱元璋이 婺州를 취한 다음 불러서 中書省 掾吏로 삼았다. 그 뒤 洪武 2년(1369)에 宋濂과 함께 總裁를 맡아 『元史』를 편찬하였다. 완성된 후 翰林待制·同知制誥 兼國史院 編修官으로 발탁되었다. 洪武 5년(1372)에 詔書를 받들어 雲南에 사신으로 갔다가 살해당했으며 翰林學士를 증직하였다.

俞恂은 "이 책이 漢武帝 征和 4년(서기전 89)으로부터 시작해서 宋德祐 2년(1276)에까지 이르렀다"라고 하였으니 총 1,365년의 역사를 다룬 것이다. 그런데 지금 전하는 책은 漢武帝 征和 4년에서 시작은 하지만 周顯德 6년(959)에서 그치고 있다. 이는 아마 抄本에 유실됨이 있었던 것이 아닌가 여겨진다.

　본서의 紀年과 褒貶은 朱熹의 『綱目』과 구별된다. 『綱目』에서는 蜀漢의 昭烈로써 漢의 正統을 이었는데 본서에서는 正統을 파기하고 無統의 例를 적용했다. 解題를 통해 역사 사실에 대한 異同을 고증하여 자못 학술적 가치가 높다.

제 8 장
극성 낙랑
棘城 樂浪

| 자료 역문 |

『十六國春秋』 권31 「鞠殷」

鞠殷[1)]

鞠殷은 樂浪太守 鞠彭의 아들이다. 鞠彭이 처음에 樂浪太守가 되었을 때

---

1) 鞠殷: 東晉 16國시대 사람이다. 『資治通鑑』의 기록에 의하면 서기 3세기경 鞠羨·鞠彭·鞠殷, 祖·子·孫 3대에 걸쳐서 東萊太守를 역임한 사실을 기록하고 있다. 동일한 시기에 동일한 지점에서 祖·子·孫 3대가 동일한 직무를 수행한 경우는 역사상에 그리 흔치 않다.
　　東晉 16국시대 전기에 사회는 공전의 대혼란 상황에 빠져들었다. 307년 2월 東萊郡太守로 있던 鞠羨은 반란군 수령 王彌의 공격을 받아 피살되었다. 그 뒤 鞠羨의 아들 鞠彭이 다시 東萊郡太守로 임명되었는데 王彌의 部下인 曹嶷가 또 군대를 이끌고 와서 침탈을 자행하였다. 쌍방은 서로 이기고 지기를 반복하면서 지루한 전쟁은 10년을 끌었다. 끊임없이 계속되는 전쟁으로 인해 백성이 도탄에 빠져 고통 받는 사실을 목격한 鞠彭은 320년 주위의 만류를 뿌리친 채 고향친척 1,000가구를 이끌고 배를 타고 발해를 건너 遼東郡에 망명하였다.
　　그런데 공교롭게도 그로부터 18년이 지난 뒤에 鞠彭의 아들 鞠殷이 다시 前燕王 慕容儁의 임명을 받아 東萊太守가 되었다. 그때 前燕國의 大長秋로

趙石虎²⁾가 와서 공격하니 境內의 많은 사람들이 반기를 들고 趙石虎에게 호응하였다. 鞠彭이 壯士 수백 명을 선발하여 棘城³⁾을 굳게 지키니 城이 함락되지 않게 되었다. 趙兵이 퇴각한 뒤에 褒賞이 내려졌다.

鞠殷이 慕容儁⁴⁾에게 벼슬하여 尚書左丞⁵⁾이 되었는데 太原王 恪⁶⁾이

있던 鞠殷의 아버지 鞠彭이 아들에게 편지를 보내 지난날의 원수를 갚으려고 들지 말고 반군 수령 王彌와 曹嶷의 자손들을 잘 招撫하라고 타일렀던 것이다.

2) 趙石虎: 后趙 皇帝 石虎를 말한다. 上當 武鄉縣(지금의 山西省 榆社縣 북쪽) 사람으로 晉惠帝 元康 5년(295)에 태어나서 晉穆帝 永和 5년(349)에 사망했다. 石勒의 뒤를 이어 后趙 황제가 되었다.

3) 棘城: 鮮卑 慕容廆의 아들 慕容皝이 337년 燕國을 세우고 都邑을 정했던 곳으로 역사상에서는 이를 前燕이라 일컫는다. 그 위치는 지금의 遼寧省 義縣 서북쪽, 朝陽市에서 동쪽으로 약 170리 지점으로 보는 것이 일반적인 견해이다. 그러나 이 이외에 錦州老城說·北票市說·喀左縣南說 등 여러가지 설이 공존하고 있는 실정이다.

4) 慕容儁: 16국시대 前燕의 景昭帝 慕容儁(319~360)을 말한다.

5) 尚書左丞: 官名이다. 漢成帝 建始 4년(서기전 29)에 尚書를 두고 그 아래에 丞 4인을 배치했는데 光武帝 때 2인으로 감소시키고 左右丞으로 나누었다. 尚書佐丞은 尚書令을 보좌하여 국가의 기강을 총괄하고 右丞은 僕射를 보좌하여 錢穀 등의 일을 관장했다. 職級 은 400石이었는데 뒤에 점차 제고되어 隋·唐시기에는 正4品에 이르렀고 元나라 때는 正2品으로 되었다.

6) 太原王 恪: 太原王 慕容恪을 말한다. 前燕王 慕容儁 시대에 廣固에서 段龕과 싸워 전쟁을 승리로 이끌었다. 상세한 내용은『資治通鑑』권100「晉紀」22 〈孝宗穆皇帝中之下〉永和 11년(355), 12년(356) 條에 나온다.

廣固[7]城을 이기자 鞠殷을 東萊太守로 옮겼다. 鞠彭이 이때 大長秋[8]로 있었는데 편지로써 鞠殷을 경계하기를, "王彌[9]. 曹嶷[10]가 반드시 자손이 있을 것이니 너는 그들을 잘 불러서 무마하고 옛 원한을 찾아서 혼란의 근원을 키우지 말라"라고 하였다.

鞠殷이 수소문한 끝에 王彌의 조카 王立과 曹嶷의 손자 曹巖을 中山에서

---

7) 廣固城: 지금 山東省 靑州市 益都鎭 서북 堯王山 동남쪽 1.5킬로미터 지점에 廣固城 유적이 있다. 晉永嘉 5년(311)에 前趙刺史 曹嶷가 건축했다. 남북으로 약 600미터, 동서로 약 800미터이고 면적은 약 48만 평방미터에 달한다. 399년에는 鮮卑 慕容德이 南燕國을 건립하고 廣固城에 도읍을 정하기도 하였다.

8) 大長秋: 官名으로 皇后의 卿이다. 秦나라 때는 將行이라 칭하다가 漢景帝 때 大長秋로 고쳤다. 皇后의 뜻을 전달하고 宮中의 사무를 관리하는 皇后 近侍官의 首領이었다.『漢書』「百官公卿表」顏師古 注에는 "秋者收成之時 長者 恒久之義 故以為皇后官名"이라 기록되어 있다. 北魏에서는 大長秋卿이라 하였고 北齊에서는 長秋寺卿이라 하였다.

9) 王彌: 西晉시대 東萊(지금 山東省 萊州市)사람으로 永興 3년(306)에 劉伯根 擧義에 참가했다. 劉伯根이 사망하자 그가 수만 명의 군중을 이끌고 靑州와 徐州에서 전투를 벌이면서 官吏들을 공격 살해하였다. 永嘉 2년(308)에는 군대를 이끌고 洛陽을 공격하다가 晉軍에 의해 패전하였다. 뒤에 劉淵에게 귀속되어 征東將軍에 임명되었다. 前趙 光興 2년(311)에 劉曜·石勒과 함께 洛陽을 공격하여 파괴하고 靑州로 회군하는 도중에 石勒에 의해 피살되었다.

10) 曹嶷: 山東 東萊사람으로 西晉 末年에 王彌의 폭동에 참가했고 뒤에는 后趙에 歸附하여 征東大將軍·靑州刺史가 되었다.

찾아내어 그들과 서로 만나기를 요청하고 깊은 정분을 맺었다. 鞠彭은 다시 사신을 파견하여 車馬와 衣服으로써 전해주니 東萊郡民이 크게 안정되었다.

史部/載記類/十六國春秋/卷三十一/鞠殷

鞠殷
鞠殷 樂浪太守 彭之子也 彭初守樂浪 趙石虎來伐 境內多叛應之 彭選壯士數百 固守棘城 城得不沒 趙兵既退 大加賞賜 殷仕儁 為尚書左丞 太原王恪 克廣固 遷殷為東萊太守 彭時為大長秋 以書戒殷曰 王彌曹嶷 必有子孫 汝善招撫 勿尋舊怨 以長亂源 殷推求 彌從子立 嶷孫巖於中山 請與相見 深結意分 彭復遣使 遺以車馬衣服 郡民大安

자료 해설

이 자료에서 우리가 주목하는 부분은 鞠殷의 아버지 鞠彭이 樂浪太守로 있을 때 後趙의 石虎가 침공하자 樂浪 境內의 많은 사람들이 거기에 호응하였는데 鞠彭이 將士 수백 명을 선발하여 棘城을 굳게 지켜 城이 함락되지 않게 되었다는 내용이다.

16국시대 鮮卑 慕容皝이 세운 前燕國의 발상지인 棘城의 정확한 위치에 대해 錦州說·北票說·義縣說 등 여러 가지 논란이 많지만 오늘날 요녕성 朝陽市 부근에 있었다는 데 대해서는 이론이 없는 실정이다.

『通鑑地理通釋』권4「歷代都邑考」에는 "通典 棘城 即帝顓頊之墟 在營州柳城東南一百七十里 晉載記 慕容廆 以大棘城 即帝顓頊之墟也 乃移居之"라는 기록이 나온다.

東晉 16국 시기에 樂浪이 대동강 유역에 설치되어 있었고 鞠彭이 이곳의 太守로 있었다면 後趙의 石虎가 침공하였을 때 어떻게 鞠彭이 수백 명의 壯士들을 선발하여 수천 리 떨어져 있는 大淩河 유역의 棘城을 굳게 지킬 수가 있었겠는가. 이런 일은 성립될 수가 없는 것이다. 이것은 바로 그동안 우리가 대동강 유역에 樂浪郡을 포함한 漢四郡이 설치되었다고 믿었던 것이 잘못된 것임을 일깨워

주기에 좋은 자료라고 하겠다. 이 기록에 의거하면 樂浪과 棘城은 서로 멀리 떨어진 곳에 있을 수 없다.

樂浪郡과 바로 이웃하여 棘城이 있었거나 아니면 樂浪郡과 그리 멀지 않은 지역에 棘城이 있었을 수 있다.

樂浪이 침공을 받았는데 樂浪太守가 棘城에 들어가 굳게 지켰다는 것은 樂浪과 棘城이 거리가 아주 멀거나 또는 樂浪과 棘城이 행정구역상으로 전혀 무관하다면 이루어질 수가 없는 일이기 때문이다.

이 기록에 따르면 東晉시대의 樂浪은 한반도의 대동강 유역에 있었던 것이 아니라 遼西의 大淩河 유역에 棘城과 이웃하여 있었거나 아니면 棘城을 治所로 하여 오늘날의 요녕성 朝陽市 부근에 있었던 것이 확실하다고 하겠다. 혹자는 樂浪이 대동강 유역에 있었다는 기존의 식민사관을 고수하기 위해 漢나라 때 설치한 樂浪郡이 본래는 지금 朝鮮 平安南道의 平壤 일대에 있었는데 晉나라 즉 東晉 때 高句麗의 침공을 받아 부득이 樂浪郡이 그 治所와 함께 前燕王城인 棘城 부근으로 이동해 왔다는 궁색한 논리를 펴기도 한다.

그러나 그것은 역사적 사실이 아니다. 다른 자료에 따르면 西晉武帝 泰始 10년에 幽州를 분할하여 平州를 세웠고 거기서 遼東國·昌黎·樂浪·玄菟·帶方 5개의 郡國을 관할하였다. 즉 高句麗의 침공과 관계없이 西晉을 건국한 武帝시대에 이미 樂浪이 오늘날의 난하·대릉하 유역에 설치되어 있었던 것이다.

자료 출전

『十六國春秋』

『十六國春秋』는 北魏의 저명한 사학자 崔鴻(478~525)이 東晉 16국시대(304~439)의 역사를 기록한 紀傳體 史書이다.

崔鴻은 北魏시대 清河(지금 山東省 臨清市 동쪽)사람으로 司徒長史·散騎常侍 등의 벼슬을 역임했으며, 景明 원년(500)에 이 책의 편찬을 시작하여 正光 3년(522)에 이르러 완성하였다. 全書는 「紀」「傳」「表」「贊」 등이 100권, 「序例」 1권, 「年表」 1권, 모두 합해서 102권이다.

西晉이 멸망한 이후에 中原 지역에는 전후에 걸쳐서 匈奴·鮮卑·羯·氐·羌 5개 민족이 세운 16개의 국가가 출현하였는데 이 시기를 역사상에서 16국시대라고 총칭한다.

16국시대의, 민족을 달리하는 각자의 정권들은 저마다 자신들의 史書를 가지고 있었으나 체제가 통일되지 않았고 기술하는 방식에서도 편차가 컸다.

그래서 16국이 본래 가지고 있던 史書들을 근거로 그것을 종합하고 체제를 통일하여 다시 편찬한 것이 바로 이『十六國春秋』이다.

『十六國春秋』는 역사상에서 사료로서 높은 평가를 받았다. 뒤에 魏收에 의해서 편찬된『魏書』와 唐나라 때 官撰史書인『晉書』는 모두 이 책을 중요한 참고자료로 하였다. 다만 본서는 편찬이 완성된 뒤에 바로 세상에 나오지 못하고 崔鴻이 사망한 후에 그 아들 崔子元이 한 帙을 繕寫하여 永安 연간에 조정에 上奏함으로 인해서 비로소 세상에 공개되게 되었다. 그 이유는 이 책이 역사를 기술하는 데 있어서 晉을 正統으로 삼아 서술했기 때문에 혹시나 北魏 조정의 비위를 거스를 것을 우려해서였다고 한다.

애석하게도 본서는 지금 原本은 亡佚되고 두 종류의 輯本이 전한다. 하나는 明代에 屠僑孫 등이 관련 자료를 수집해서 편찬한『十六國春秋補遺輯佚』이고, 다른 하나는 淸代의 湯球에 의해서 편찬된『十六國春秋輯補』이다.

『史記』·『漢書』·『後漢書』·『三國志』가 주로 漢族 본위의 역사를 기술하고 있는 것과 달리 本書는 北方과 西北方 민족의 역사를 중심으로 서술하고 있다는 점에서 한국 고대사 연구에서 특히 중요한 비중을 차지하고 있다.

제 9 장

상곡군 낙랑
上谷郡 樂浪

> 자료 역문

『隋書』 권30 「地理」 중 〈上谷郡〉

上谷郡[1]開皇 元年에 易州를 설치했다. 관하에 6개 縣을 관할했다. 가구 수는 38,700가구이다.

---

1) 上谷郡: 『史記』 「匈奴列傳」에 "晉北有林胡樓煩之戎 燕北有東胡山戎…… 于是秦有隴西北地上郡 築長城以拒胡 而趙武靈王 亦變俗胡服 習騎射 北破林胡樓煩 築長城 自代并陰山下 至高闕爲塞 而置雲中鴈門代郡 其后燕有賢將 秦開 爲質于胡 胡甚信之 歸而襲破 走東胡 東胡却千餘里 與荊軻刺秦王 秦舞陽者 開之孫也 燕亦築長城 自造陽至襄平 置上谷 漁陽 右北平 遼西 遼東 郡 以拒胡"라고 기록되어 있다. 燕나라 장수 秦開가 東胡에 인질로 잡혀 있었는데 東胡가 그를 신임하였다. 따라서 그는 여기서 여러가지 군사기밀을 탐지하였을 것이다.

귀국한 뒤에 그는 몰래 탐지한 군사기밀을 이용하여 東胡를 습격하였고 東胡는 1,000여 리를 퇴각하였다. 燕은 東胡로부터 빼앗은 땅에 上谷郡·漁陽郡·右北平郡·遼西郡·遼東郡 5郡을 설치하고 東胡로부터 공격을 방어하기 위해 造陽으로부터 襄平까지 長城을 쌓았다는 것이 이 기록이 설명하고 있는 내용이다.

燕에서 上谷郡을 설치한 시기는 대체적으로 전국시대 燕昭王 29년(서기전 283)으로 말해지고 있는데, 그렇다면 燕昭王 이전에는 이 지역은 中原이 아니라

東胡의 땅이었으며 정정당당하게 싸워서 쟁취한 것이 아니라 秦開가 인질로 잡혀 있으면서 남의 나라의 군사기밀을 몰래 빼내다가 비겁하게 탈취한 경우라고 할 수 있다. 그렇다면 燕나라 때 上谷郡이 설치된 지역은 지금의 어디에 해당하는 지역일까? 唐나라 때 杜佑가 편찬한 『通典』에 上谷郡에 관하여 다음과 같이 기록하고 있다.

"春秋至戰國屬燕 秦置上谷郡 晉書曰 在谷之上頭 故曰上谷 漢屬涿郡 後漢因之 晉爲范陽國 後魏亦爲上谷郡 隋初置昌黎郡 後兼置易州 煬帝初州廢 置上谷郡 大唐因之 領縣八 易·遂城·淶水·容城·滿城·五迴·樓亭·坂城"

이 기록에 의거하면 唐나라 때 上谷郡이 易縣·遂城縣·淶水縣·容城縣 등 8개현을 관할했다고 했는데 지금 이러한 지명들이 북경시 서남쪽에서 고스란히 전해지고 있다. 따라서 지금 北京市와 하북성 保定市 사이에 위치한 淶水縣·易縣·容城縣·徐水縣·遂城鎭 일대가 唐나라 때 上谷郡이 설치되었던 지역이라고 단언할 수 있다.

그러나 中原의 영토는 秦·漢·唐을 거치면서 최대한으로 확대된 점을 감안한다면 燕나라 시기의 上谷郡이 결코 唐나라 시기의 上谷郡보다 더 북방쪽에 가서 설치될 수는 없는 일이다. 따라서 燕나라 때 北方의 東胡를 습격하여 빼앗아 설치한 上谷郡은 燕나라 영토의 최북단에 해당하는 지역이며 이때 造陽으로부터 襄平까지 설치한 長城이 바로 燕北長城이다. 후대에 중국사학계에서 이를 燕南長城이라 지칭하고 燕南長城과 다른 燕北長城이 별도로 존재하는 것처럼 운위되고 있는데, 이것은 여기 말하는 襄平을 오늘 遼東의 襄平으로 오해한 데서 초래된 결과이다.

당시 燕나라의 國力으로 볼 때 오늘의 요녕성 요하 동쪽의 遼東 지역까지 지배한다는 것이 현실적으로 불가능한 일이었을 뿐만 아니라 사료 상에 나타나는 漢代 이전의 遼西·遼東은 오늘의 遼河 동쪽과 서쪽을 의미하는 개념이 아니었다. 遼西郡과 遼東郡이 모두 오늘의 하북성 동쪽 遼河의 서쪽에 설치되어 있었다.

秦始皇이 중국을 통일한 뒤에 천하를 36군으로 분할하였는데 上谷郡의 이름이 그 가운데 나열되어 있다. 그러나 漢代의 飛將軍 李廣과 大將軍 霍去病이 모두 上谷郡 太守를 역임하였다. 이러한 名將들이 그 지역에 太守로 부임

○ 易縣

開皇 초기에 黎郡[2]을 설치했다가 얼마 뒤에 폐지하였다. 開皇 16년에 縣을 설치하였고 大業 초기에 上谷郡을 설치하였다. 옛날에는 故安縣이 있었는데 後齊시기에 폐지하였다. 駮牛山·五迴嶺이 있고 易水·滱水가 있다.

淶水縣

옛날에는 遒縣이라고 하였는데 後周시기에 폐지하였다. 開皇 元年에 范陽으로써 遒縣을 삼고 다시 이곳에다 范陽을 설치하였다. 6년에 固安이라고 고쳤다가 8년에 폐지하였다. 10년에 또 永陽을 설치하고 18년에 淶水로 개정했다.

했다는 것은 漢나라 당시에도 그 곳이 북쪽변경의 최전방에 속했었다는 것을 설명한다. 이런 자료들을 통해서 본다면 漢·唐시기까지도 중원의 통치영역은 오늘의 潮河·灤河를 넘지 못했던 것이 확실하다. 춘추전국시대에 燕나라는 오늘의 하북성 남쪽 지역에 있었고 齊나라와 魯나라는 오늘의 산동성 지역에 있었다. 齊나라는 春秋시대에 覇者의 지위에 오를 만큼 강대한 나라였지만 그 영토는 산동성의 동북쪽을 차지하는 데 불과했다. 산동성의 서남쪽은 魯나라가 차지하고 있었기 때문이다.

그런데 당시 하북성 남쪽에 있던 燕나라가 만일 오늘날의 遼東까지 다 차지했다고 말한다면 이것은 燕나라가 齊나라보다 몇 배나 더 큰 초강대국이었다는 결론으로서 戰國七雄 중에 가장 약소국가였던 燕나라로서는 있을 수 없는 일인 것이다.

2) 黎郡: 여기서 開皇 초기에 易縣에 黎郡을 설치했다가 폐지하고 大業 초기에 上谷郡을 설치했다라고 말하고 있는데 開皇은 隋文帝 楊堅의 연호이고 大業은 隋煬帝 楊廣의 연호이다. 그러니까 지금 하북성 보정시 易縣 일대에 隋文帝가 黎郡을 설치했는데 隋煬帝때 이르러 다시 이곳에 上谷郡을 설치했다는 이야기가 된다.

중국의 다른 역사기록에서는 黎郡이란 지명은 찾아볼 수 없다. 唐 杜佑의

逎縣

옛날에는 范陽이 이곳에 있었는데 일반적으로 小范陽이라 불렸다. 開皇 초기에 逎縣으로 고쳤다.

遂城縣[3]

옛날에는 武遂라고 하였다. 後魏시기에 南營州 · 淮營州를 설치하고 5郡 10都를 설치하여 建德郡에 소속시켰다.

『通典』「上谷郡」條에 "漢나라 때는 涿郡에 소속되었고 隋나라 초기에는 昌黎郡을 설치하였다"라는 기록이 나온다. 아마도 여기『隋書』에서 말하는 黎郡은 바로『通典』에 말한 '昌黎郡'이 분명한 것으로 여겨진다. 이 자료 가운데 黎郡이 위와 아래에서 두 번 나오는데 두 군데 다 昌黎郡이 아닌 黎郡으로 기록되어 있는 것으로 보아서 誤記는 아닌 듯하다. 그런데 왜 昌黎郡을 昌黎郡이라 하지 않고 黎郡이라 하였을까 하는 의문이 남는다.

지금 昌黎郡은 하북성 易縣과는 전혀 엉뚱한 방향인 진황도시 盧龍縣 부근에 있다. 隋나라 때 설치되었던 昌黎郡보다 훨씬 동쪽으로 와서 있는 셈이다. 하북성 易縣 부근에 있던 碣石山과 함께 동쪽으로 옮겨온 昌黎郡의 정체를 숨기려 한데서 그 이유를 찾을 수 있지 않을까 한다.

3) 遂城縣: 하북성 徐水縣에서 서쪽으로 10킬로미터 가량 떨어진 遂城村 일대에 지금 遂城 城址가 남아 있다. 춘추전국시대에는 이 지역을 武遂라 불렀다.『史記』「燕昭公世家」에 의거하면 "燕王喜 十二年 趙李牧攻燕 拔武遂方城"이라는 기록이 나온다. 이는 燕나라 당시에 이미 武遂라는 지명이 있었다는 것을 의미한다. 唐나라 杜佑의『通典』「上谷郡」條에서는 上谷郡이 관할하는 8개縣 가운데 遂城縣이 그 하나임을 소개하고 遂城縣 아래에 "옛날의 武遂이다. 秦이 쌓은 長城이 시작된 곳이다"라고 附記하였다.『史記正義』에는「括地志」를 인용하여 "易州遂城 戰國時武遂城也"라고 기록 되어 있다. 여기서 우리는 唐나라 때 上谷郡 遂城縣이 곧 燕나라 때의 武遂라는

지역이었음을 알 수 있다.

그러면 이 武遂가 언제 遂城으로 바뀌었는가? 이 자료는 '隋煬帝 開皇 18년에 遂城으로 고쳤다'라고 말하고 있다. 그런데 이 遂城縣은 우리 민족과 관련이 깊은 곳이다. 왜냐하면 漢武帝가 고조선을 침략한 후 설치한 樂浪郡 25개 현 중의 하나가 곧 遂城縣이기 때문이다.

이 遂城縣은 중국사료 상에 자주 등장하여 樂浪郡의 위치를 확인하는 주요 자료로 인용되고 있는데 예를 들어 『晉太康地志』에 나오는 "樂浪遂城縣 有碣石山 長城之所起"가 그것이다. 여기 보이는 碣石에 대하여 지금 산동성 无棣縣에 있는 碣石이냐 아니면 지금 山海關 부근에 있는 碣石山이냐를 놓고 쟁론이 많으며 아직까지 이렇다 할 정론이 없는 실정이다.

樂浪郡은 25개 縣을 관하에 거느린 큰 郡이었고 그 縣 중의 하나가 遂城縣이었다. 『漢書』「地理志下」에 "樂浪郡 縣二十五 遂城"이라 기록되어 있는 것으로 보아 遂城縣이 隋와 唐시기에는 上谷郡에 소속되었지만 漢나라 시기에는 樂浪郡에 소속되어 있었던 것이 분명하다. 이 자료에 의거하면 옛 北平郡을 後周시기에 永樂縣으로 고쳤는데 後魏시기에는 이 永樂縣이 樂浪郡에 소속되었다라고 기록되어 있다.

『隋書』에 보이는 이 기록은 後魏·後周·隋시기에 樂浪郡이 北平郡과 지근거리에 이웃하고 있었음을 말해준다. 樂浪郡이 만일 대동강 유역에 있었다거나 오늘날의 遼東에 있었다면 하북성에 있던 遂城을 屬縣으로 거느린다는 것은 현실적으로 불가능한 일이다. 그러나 낙랑군이 北平郡과 지근거리에 있었다면 하북성에 있던 遂城縣이 樂浪郡의 한 縣으로 속해 있었다는 것이 논리적으로 하등의 문제될 것이 없다.

上谷郡은 본래 燕나라 땅이 아니라 東胡에게서 빼앗은 땅이었고 燕나라의 동북방 변경이었다. "燕東有朝鮮遼東"이라는 기록에서 보듯이 燕이 이 지역을 차지하기 전에는 그곳이 朝鮮 땅이었다. 漢武帝가 樂浪郡을 설치한 후 遂城이 樂浪郡의 서쪽지역에 위치한 縣 중의 하나가 된다는 것은 얼마든지 가능한 일이다. 하북성 遂城村 일대에는 지금도 長城의 유적이 남아 있다. 이곳의 長城은 遂城 부근에서 시작된다. 狼牙山에서 출발하여 易縣·徐水·容城·安新·雄縣을 거쳐서 廊坊市 子牙河 서쪽 文安·大城縣에까지

도달한다. 길이는 약 250킬로미터이다. 燕長城의 이와 같은 출발지와 경유지에 관하여는『水經注』·『元和郡縣圖志』·『讀史方輿紀要』·『易州志』등 여러 역사문헌 중에서 그 대강을 확인할 수 있다. 이 燕長城의 출발지점이 遂城縣 지역이므로『太康地志』와 杜佑의『通典』에서 "遂城縣은 長城이 시작되는 곳이다"라고 말한 것이다.

『隋書』나『通典』에는 보이지 않는데『元和郡縣圖志』에는 "隋開皇三年 移后魏新昌縣于此"라는 기록이 있다. 後魏시대에 襄平과 新昌은 遼東郡에 소속되어 있었는데 어째서 隋나라 開皇 3년에 新昌縣을 이곳으로 옮겨왔으며『隋書』에는 왜 그 점을 언급하지 않았는지는 알 길이 없다. 하지만 新昌은 역사적으로 우리 고대 朝鮮과 관련이 깊은 縣이다.

『隋書』에는 上谷郡 遂城縣이 하북성 易州에 있다고 말했고『太康地志』에는 樂浪郡 遂城縣이, 碣石山이 있고 長城이 시작되는 곳에 있다고 말했고, 杜佑의『通典』에는 上谷郡 遂城縣이 長城이 시작되는 곳에 있다고 말했다. 燕長城은 遂城縣에서 시작되어 易水를 따라 진행하여 易縣·徐水·容城·安新·雄縣을 거쳐 文安·大城縣에 이르기까지 동남쪽 방향으로 250킬로미터에 걸쳐 길게 설치되어 있다.

따라서『隋書』에서 말한 易州에 있다는 上谷郡 遂城과『通典』에서 말한 長城이 시작되는 곳에 있다는 上谷郡 遂城과『太康地志』에서 말한 長城이 시작되는 곳에 있다는 樂浪郡 遂城이, 易州 遂城·上谷郡 遂城·樂浪郡 遂城으로 시대에 따라 소속만 변경되었을 뿐 사실은 동일한 지역이라는 사실을 알 수가 있다.

식민사학은 대동강 樂浪說을 주장하며 樂浪郡의 25개縣 중의 하나인 遂城縣이 당연히 대동강 부근에 있었던 것으로 주장해왔다. 그러나 漢唐시대 이전의 고대문헌들은 이처럼 樂浪郡이 대동강 유역이 아닌 대륙 한복판에 있었음을 분명하게 밝히고 있다. 樂浪郡 遂城縣이 오늘의 하북성 易縣·徐水縣 일대에 설치되어 있었다는 사실은 古朝鮮의 영역이 遼河와 灤河를 넘어서 북경시 서남쪽 지역에까지 확대되어 있었던 것을 반증한다.

우리의 古朝鮮史가 얼마나 왜곡되어 왔는가 하는 것은 하북성 易水에 있던 樂浪郡 遂城縣의 역사가 한반도 대동강 유역에 있는 遂安縣으로 둔갑한 데서

襄平⁴⁾·新昌을 遼東郡에 소속시키고 永樂⁵⁾은 樂浪郡에 소속시키고 富平·帶方·永安은 營口郡에 소속시켰다. 後齊시기에는 오직 黎 1郡만 남겨 永樂·新昌 2縣을 거느리도록 하고 나머지는 다 감소시켰다. 開皇 元年에 州가 옮겨오고 3년에 郡을 폐지하였다. 18년에 遂城으로 고쳤다. 龍山이 있다.

여실히 증명된다고 하겠다. 그리고 우리가 앞으로 관심을 가지고 지켜봐야 할 대목은 옛 遂城縣이 있던 오늘의 하북성 徐水縣 일대에서 중원의 仰韶文化보다 시기가 빠른 유적이 6군데나 발견되었다는 사실이다. 徐水縣의 고고 발굴 자료에 의하면 1987년 8월 保定지구 문물관리소와 徐水縣 문물관리소가 北京大學 考古系와 공동으로 高林村鎭 南庄頭村 북쪽 1.5킬로미터에 있는 유적지에 대해 조사를 실시하여 北京大學 실험실에서 채집한 나무토막과 木炭에 대한 탄소측정을 거친 결과 9,875 ± 160 년으로 판명되었다고 한다.

이는 지금까지 우리가 알고 있는 것 중에 그 연대가 가장 오랜 동방의 인류문화유적으로서 어쩌면 중국에서 최초의 신석기시대 인류문화유적이라고 말할 수 있을 것이다. 그런데 더욱 우리를 놀라게 하는 것은 이 지역에서 夏家店下層文化와 동일계통의 유물과 유적이 발굴되고 있다는 사실이다. 이것들은 주로 廣門鄕 大赤魯·正村鄕 韓家營 두 곳의 유적 중에서 발견되었는데 이는 夏家店下層 문화의 분포가 북방의 내몽고 적봉지역 일대에 국한하지 않고 그보다 훨씬 남쪽으로 내려와 있었음을 증명하는 중요한 단서가 된다. 夏家店下層 문화는 바로 古朝鮮이 남긴 문화유적으로 보고 있는데 夏家店下層 문화와 계통을 같이 하는 문화유적이 오늘의 徐水縣 일대에서 발굴된다는 사실은 徐水縣 일대가 古朝鮮 문화권이었음을 고고학적으로 증명이 가능하게 된 것이라고 하겠다.

4) 襄平: 고대 襄平을 오늘날 흔히 요녕성 遼陽으로 비정한다. 또 『史記』「匈奴列傳」에 나오는 "燕亦築長城 自造陽至襄平 置上谷 漁陽 右北平 遼西 遼東郡 以拒胡"라는 기록 때문에 이것이 오늘날 遼寧省 遼河 동쪽 遼東까지 燕나라가 지배했다는 근거자료로 활용되고 있다. 그러나 이때의 襄平은 오늘날 遼東의

永樂縣

옛날에는 北平이라고 하였는데 後周시기에 이름을 고쳤다. 郞山이 있다.

飛狐縣

後周시기에 縣을 설치하여 廣昌이라고 하였는데 仁壽 (隋文帝 楊堅의 연호 601~604) 초기에 고쳤다. 栗山이 있고 巨馬河가 있다.

襄平이 될 수가 없다. 이 자료에서 襄平縣이 新昌縣과 함께 遼東郡에 소속되어 있었다고 말한 것만 보더라도 오늘의 遼東 襄平이 아닌 것이 분명하다.

新昌縣은 『隋書』 「地理志」에 의하면 오늘의 북경시 서남쪽에 있던 昌黎郡에 소속되기도 하고 또 遼西郡에 소속되기도 하였으며 또 北平郡과 盧龍縣에 소속되기도 하였다. 이 자료에서 말하는 遼東郡이 만일 지금 遼河 동쪽의 遼東郡을 가리키는 것이라면 어떻게 북경시 서남쪽 昌黎郡에 소속되어 있기도 하고 또는 북경시 동북쪽 北平郡, 동남쪽 盧龍縣에 소속되어 있던 新昌縣이 遼河를 건너 遼東에 가서 소속될 수가 있겠는가? 따라서 新昌縣과 함께 遼東郡에 소속되어 있었던 襄平郡은 오늘의 遼東 襄平이 아닌 것이 확실한 것이다.

5) 永樂 : 이 자료에 의거하면 永樂은 옛날의 北平을 後周시기에 永樂으로 개명한 것이라고 말했다. 그런데 이 永樂縣이 後魏시대에는 樂浪郡의 소속 현이 되었다라고 遂城縣 조에서 밝히고 있다. 여기서 말하는 낙랑군은 후위 시기에 南營州에 僑郡으로 설치된 낙랑군을 말한 것이다. 그러나 樂浪郡이 옛 北平郡 지역을 소속 현으로 거느렸다면 이는 대동강 유역의 樂浪이 아니라 대륙에 있던 樂浪이 분명하다.

史部/正史類/隋書/卷三十/地理中/

上谷郡 開皇元年 置易州 統縣六 戶三萬八千七百 ○易 開皇初 置黎郡尋廢 十六年置縣 大業初 置上谷郡 舊有故安縣 後齊廢 有駁牛山 五迴嶺 有易水涞水 涞水 舊曰迺縣 後周廢 開皇元年 以范陽為迺 更置范陽於此 六年改為固安 八年廢 十年又置為永陽 十八年 改為涞水 迺 舊范陽居此 俗號小范陽 開皇初 改為迺 遂城 舊曰武遂 後魏 置南營州淮營州 置五郡十都 屬建德郡 襄平新昌 屬遼東郡 永樂 屬樂浪郡 富平帶方永安 屬營丘郡 後齊 唯留黎一郡 領永樂新昌二縣 餘並省 開皇元年 州移 三年郡廢 十八年 改為遂城 有龍山 永樂 舊曰北平 後周改名焉 有郎山 飛狐 後周置 曰廣昌 仁壽初改焉 有栗山 有巨馬河

자료 해설

　『晉太康地誌』에 나오는 "樂浪郡 遂城縣에 碣石山이 있는데 長城이 시작된 곳이다"라는 기록은 樂浪郡이 대동강 유역에 있지 않고 遼西에 있었다는 사실을 증명하는 중요한 근거가 된다. 그러나 이는 遂城縣에 대한 구체적인 설명이 생략되어 있기 때문에 樂浪郡의 범위를 밝히는 데 한계가 있다

　본 자료는 隋나라 때의 上谷郡 遂城縣에 대한 내력을 설명한 것으로 漢나라 시기의 樂浪郡 遂城縣과는 차이가 있을 수 있다. 그러나 晉나라와 隋나라가 시기적으로 그다지 멀리 떨어져 있지 않았다. 그렇다면 隋나라 때의 上谷郡 遂城縣이 곧 晉나라·漢나라 시기의 樂浪郡 遂城縣일 가능성은 충분히 있다고 본다. 이 자료는 樂浪郡의 25개현 중의 하나인 遂城縣의 위치를 밝혀주는 동시에 樂浪郡의 영역이 서쪽으로 어디까지 포함되었는지 그 분포 영역을 살필 수 있는 좋은 자료가 된다고 하겠다.

> 자료 출전

『隋書』

　唐나라 초기의 名相이자 역사가인 魏徵(580~643) 등에 의해 편찬되었다. 총 85권으로 「本紀」 5권·「列傳」 50권·「志」 30권이다. 魏徵·房玄齡 등이 太宗의 詔書를 받들어 편찬 작업을 총괄했다. 「本紀」와 「列傳」 55권은 魏徵의 주도하에 顔師古·孔穎達·敬播·李延壽·趙弘智 등이 집필에 참여했고 「志」 30권은 長孫無忌를 위시하여 令孤德棻·褚遂良·于志寧·李淳風·韋安仁·李延壽 등이 편찬 작업에 참여했다. 「志」 30권은 禮儀·音樂·律歷·天文·五行·食貨·刑法·百官·地理·經籍 등 10개 부문을 포괄하고 있다. 그래서 원래는 10권으로 분류하여 10 「志」라고 하였다. 그런데 나중에 30권으로 세분했다. 그리고 10 「志」의 내용에는 梁·陳·齊·周·隋·五代의 史志를 포괄하고 있기 때문에 본래 이름을 『五代史志』라고 하였고 『隋書』와 분리 편찬되었다. 그래서 『五代史志』 30권은 唐高宗에서 睿宗에 이르기까지 반세기 동안 따로 전하다가 玄宗

초기에 『隋書』의 紀·傳 중에 포함시켜 『隋書』를 「紀」·「傳」·「志」 85권으로 완성하여 오늘에 이르고 있다. 당시에 梁·陳·齊·周· 隋·五代의 史志를 동시에 편찬하여 「隋志」가 그 뒤에 들어 있기 때문에 『隋書』 중에 포함시켜 지금 이를 모두 「隋志」라고 말하고 있으나 엄격한 의미에서 보면 정확한 명칭은 아니라고 하겠다.

『隋書』의 특징을 말한다면 "前王의 得失을 살펴서 자신의 귀감으로 삼겠다(覽前王之得失 爲在身之龜鏡)"라는 唐太宗의 修史 취지를 잘 구현시킨 데 있다고 할 수 있다.

38년이라는 짧은 기간에 멸망한 隋 왕조의 전철을 밟지 않고 隋朝의 '危'·'亂'·'亡'의 교훈을 唐朝의 '安'·'治'·'存'을 구현하기 위한 반면교사로 삼으려는 "以隋爲鑑"의 강한 의지가 책 전반에 걸쳐 흐르고 있다. 『隋書』가 唐朝에서 '貞觀之治'를 촉진하는 하나의 治國方略으로서 작용했다는 점을 부인할 수 없을 것이다.

『隋書』는 北宋 仁宗 天聖 2년(1024)에 최초로 간행되었으나 初刊本은 지금 전하지 않는다. 商務印書館에서 '百衲本'을 영인하였고 1973년에 中華書局에서 여러 異本을 대조하여 校點本을 출판하였다.

제 10 장
요서 낙랑
遼西 樂浪

> 자료 역문

『太平寰宇記』권172 하「朝鮮」

　朝鮮은 周나라가 箕子를 封한 나라이다. 옛적에 武王이 箕子를 석방하니 箕子가 차마 周나라의 곡식을 먹지 못하고 달아나 朝鮮으로 갔다. 武王이 그 소식을 듣고 朝鮮으로써 봉하였다.

　太傅 箕子가 禮義와 田蠶으로써 가르치고 8條의 가르침을 베푸니 門戶를 걸어 잠그지 않아도 사람들이 도둑질을 하지 않았다. 그 뒤 40여 대를 지나 전국시기에 이르러 朝鮮侯도 또한 참람되게 王이라 칭하였다.

　燕나라의 전성기로부터 시작해서 燕에 소속되었으며 관리를 배치하기 위하여 鄣塞를 쌓았다. 그 뒤에 燕王 盧綰이 반기를 들고 匈奴로 들어가니 燕人 衛滿이 亡命하여 무리 천여 명을 모아 상투를 틀고 蠻夷服을 입고 동쪽으로 도망쳐 長城을 나가 浿水를 건너 朝鮮王 準을 공격하고

秦의 옛 空地 上·下障에 거주하였다. 점차 眞番 朝鮮 諸夷 및 옛 燕과 齊에서 亡命해 온 자들을 役屬시켜 王이 되었으며 王險 ○注, 지명이다. 浿水의 동쪽에 있었다.에 도읍하였다.

그때가 마침 孝惠 高后시기로서 天下가 처음 안정된 터라 遼東太守가 衛滿에게 外臣이 되어 塞外의 蠻夷들을 보호해 줄 것을 약속하였다. 그러므로 衛滿이 威力으로써 그 부근의 小邑들을 침략할 수 있었고 眞番과 臨屯이 다 와서 복속되어 지방이 수천 리나 되었다.

아들에게 전하였고 손자 右渠에 이르러 漢에서 망명해 온 사람들을 유입시킨 것이 꽤나 많았다. 武帝 元封 2년에 樓船 將軍 楊僕을 보내 齊에서 출발하여 渤海를 향해 가도록 했는데 병력은 5만 명이었다. 左將軍 荀彘는 遼東으로 출동하였다.

얼마 후에 朝鮮人이 右渠를 살해하고 와서 항복하니 드디어 그 땅을 평정하여 眞番·臨屯·樂浪·玄菟 4郡을 설치했는데 지금은 모두 東夷의 땅이 되었다. 昭帝 시기에 臨屯·眞番을 파하여 樂浪·玄菟에 병합시키니 이로부터 內屬되었다.

> 자료 원문

史部/地理類/總志之屬/太平寰宇記/卷一百七十二下 朝鮮

朝鮮
朝鮮　周封箕子之國　昔武王釋箕子之囚　箕子不忍食周粟　走之朝鮮　武王聞之　因以朝鮮封之　太傅箕子　教以禮義田蠶　作八條之教　無門戶之閉　而人不為盜　其後四十餘代　至戰國時　朝鮮侯　亦僭稱王　始全燕時屬焉　為置吏築鄣塞　其後燕王盧綰反　入匈奴　燕人衛滿亡命　聚黨千餘人　椎結蠻服　東走出塞　渡浿水　擊破朝鮮王準　居秦故空地上下障　稍役屬真番朝鮮諸夷　及故燕齊亡命者王之　都王險注地名在浿水東　○會孝惠高后時　天下初定　遼東太守　即約滿為外臣保塞外蠻夷　是故滿得以威力　侵其旁小邑　真番臨屯皆來服屬　地方數千里　傳子至孫右渠　誘漢亡人滋多　武帝元封二年　遣樓船將軍楊僕　從齊浮渤海兵五萬

左將軍荀彘　出遼東　頃之朝鮮人　殺右渠來降　遂定
其地　因立為真番臨屯樂浪玄菟四郡　今悉為東夷之地
昭帝時罷臨屯真番　以併樂浪玄菟　自此內屬

자료 해설

　『太平寰宇記』의「朝鮮」에 관한 기록은 사마천『史記』의「朝鮮列傳」을 축약한 것으로 그 내용상에서 크게 새로운 사실은 발견할 수 없다.
　다만 우리가 여기서 주목할 부분은 漢四郡 지역이 "지금은 모두 東夷의 땅이 되어 있다"라고 말하고 있는 점이다.
　여기서 말하는 '지금'이란 樂史가『太平寰宇記』를 저술하던 宋나라 시기를 가리킨 것인데 중국의 宋나라 시기를 우리나라 역사와 대비하면 고려시대에 해당한다.
　그렇다면 고려시대에 漢四郡 땅을 차지한 東夷는 과연 누구였는가. 그 당시에 契丹族이 세운 遼나라가 내몽고 남쪽 오늘의 赤峰市 寧城에 수도를 두고 북경시를 위시한 하북성 중북부 일대, 산서성 일부를 모두 차지하고 있었다.

　여기서 말하는 漢四郡 지역이 지금은 모두 東夷의 땅으로 되었다는 것은 宋나라가 중국을 통일하지 못하고 남방으로 밀려나 정부를 수립하고 동북 지역은 모두 遼에게 빼앗겨 東夷 정권이 들어선 사실을 가리킨 것이다.
　이때 고려가 宋나라를 침략하여 땅을 빼앗았다는 기록은 따로 전하는 것이 없다. 宋나라와 싸워 땅을 빼앗아 중국 동북방 깊숙이 들어가 정권을 수립한 것은 遼나라 뿐이었다. 따라서 漢四郡 지역이 "지금은 모두 東夷의 땅 즉 遼나라 땅이 되어 있다"라는 이 기록은 漢四郡의 樂浪이 대동강 일대에 설치되지 않고 遼西에 있었다는 것을 간접적으로 증명할 수 있는 좋은 자료라고 하겠다.

> 자료 출전

『太平寰宇記』

　　본서는 宋나라 때 樂史(930~1007)가 편찬한 地理總志로 총 200권이다. 樂史의 字는 子正으로 撫州 宜黃(지금은 江西에 속함) 사람이다. 처음에는 南唐에서 벼슬하였고 송나라에 들어와서는 知州·三館編修·水部員外郞 등을 역임했다.

　　宋太宗 太平興國 4년(979) 宋나라가 北漢을 멸망시키고 五代 十國의 분열 국면을 마무리지었는데, 기존에 있던 지리지인『元和郡縣志』는 그 내용이 너무 간략했고, 또 唐末 五代 분열시기에 지명이 바뀐 곳도 많았다. 이에 樂史는 본서의 편찬에 착수하여 여러 해 동안 노력을 기울인 끝에 완성하였다.

　　송태종 태평흥국 연간(976~983)에『元和郡縣志』를 이어서 편찬된 본서는 현존하는 지리총서 가운데 비교적 시기가 빠르고 완전한 책으로 평가된다.

　본서의 앞부분 171권은 송나라 초기에 설치된 河南·關西·河東·河北·劍南西·劍南東·江南東·江南西·淮南·山南西·山南東·隴右·嶺南 등 13道에 의거하여 각 州府의 沿革·領縣·州府境·四至八到·戶口·風俗·姓氏·人物·土産 및 소속 각 縣의 개황, 산천 湖澤·古蹟 要塞 등으로 나누어 기술하였다.

　당시에 幽·雲16州는 비록 宋朝의 판도에 들어 있지는 않았지만 아울러 기술함으로써 장차 회복하겠다는 의지를 분명히 하였다. 13도 이외에는 또 '四夷'라는 항목을 따로 설정하여 여기서 주변의 각 민족들에 대해 29권으로 기술했다.

　『太平寰宇記』는 역대의 史書·지리지·문집·碑刻·詩賦 등 광범위한 자료를 널리 인용하고 있는데 고증이 비교적 정확하다는 평가를 듣는다. 四庫의 館臣은 "지리서의 기록이 이 책에 이르러 비로소 상세하게 되었고 체제 또한 이 책에 이르러 크게 변화되었다"라고 하였다.

　본서에는 지금은 이미 유실되고 전하지 않는 진귀한 사료들이 다수 포함되어 있어 漢代에서 宋代까지, 특히 唐과 五代 十國史를 연구하는 데 매우 중요한 가치를 지니고 있다. 그리고 『太平寰宇記』는 宋朝 다수 州郡의 主戶와 客戶의 戶口통계는 물론 주변 다른 민족들의 戶口 숫자까지도 기록하고 있어 송나라 초기 주변 각 민족의 인구 분포와 경제 상황을 이해하는 데 크게 참고가 된다.

제 11 장
요서 낙랑
遼西 樂浪

> 자료 역문

『資治通鑑』 권96 「晉紀」 18 〈顯宗成皇帝中〉 하

　　後趙王 石虎가 前燕王 慕容皝이 趙나라의 군대와 회합하지 않고 段遼를 공격하여 그 이익을 독점한 것을 빌미로 慕容皝이 段氏의 人民과 畜産을 약탈하여 趙나라 군대가 도착하기를 기다리지 않고 북쪽으로 돌아갔기 때문이었다. 慕容皝을 공격하려고 하였다.
　　太史令 趙攬이 諫하기를, "歲星[1]이 燕나라를 지키고 있으니 군대를 나누어서는 반드시 공이 없을 것입니다"라고 하였다. 『天文志』에 "歲星은 贏縮하며 그 舍로써 나라의 운명을 결정한다.[2]

---

1) 歲星: 木星을 말한다. 太陽系의 8大 行星 중의 하나이다. 중국에서 고대에 이 별을 歲星이라고 지칭했던 것은 이 별이 天球를 한 바퀴 도는 데 걸리는 시간이 12년으로 이는 12地支와 서로 동일하기 때문이었다. 木星의 운행속도는 대체로 1년에 1宮, 12년에 하늘을 한 바퀴 돌기 때문에 옛 사람들은 1년의 길흉화복을 木星이 주관한다고 생각하였다.

2) 그 舍로써 나라의 운명을 결정한다: 여기서 말하는 "歲星贏縮 以其舍命國"에

어느 지역에 머무는 시간이 오래면 그 나라가 德이 두텁고 五穀이 풍성할 것이니 정벌할 수 없다"라고 하였다. 分은 扶와 問의 翻이다. 石虎는 怒하여 그를 채찍으로 때렸다. 慕容皝이 그 소식을 듣고 군대를 삼엄하게 하여 방비책을 마련하고 六卿·納言·常伯·冗騎常侍 등의 官職을 폐지하였다.[3] 去年에 慕容皝이 六卿 등의 관료를 설치했었다. 冗은 而와 隴의 翻이다. 后趙의 군졸들이 수십만 명에

관한 기록은 『史記』「天官書」제5에 상세히 나온다. '舍'는 歲星이 어느 지역에 멈추어 자리 잡고 있는 것을 의미한다. 옛 사람들은 歲星은 인간의 길흉화복을 주관하는 별로서 이 별이 어느 지역에 멈추어 있느냐에 따라서 그 나라의 명운이 결정되며 이 별이 떠 있는 곳 아래에 있는 나라는 길하고 복을 받아 오곡이 풍성하고 국가가 편안하며 장차 천하를 차지할 수 있기 때문에 그러한 나라는 정벌할 수가 없다고 여겼다.

그리고 지도자가 정치를 잘못하면 그 징벌로서 歲星이 나타나는데 그 歲星은 贏·縮 즉 早出(贏)하기도 하고 晚出(縮)하기도 하며 歲星이 이처럼 次序를 상실하면 그 나라의 백성은 질병이 많다고 이해하였다.

『史記』「天官書」제5의 기록을 인용하면 아래와 같다. "察日月之行 以揆歲星順逆 曰東方木 主春 曰甲乙 義失者 罰出歲星 歲星贏縮 ○索隱案 天文志曰 凡五星早出為贏 贏為客 晚出為縮 縮為主人 五星贏縮 必有天應見灼也 以其舍命國 ○正義 舍所止宿也 命名也 所在國不可伐 可以罰人 其趨舍 ○索隱 趨音聚 謂促而前曰贏 退舍曰縮 贏其國有兵不復 縮其國有憂將亡 國傾敗其所在 五星皆從而聚於一舍 其下之國 可以致天下"

3) 冗騎常侍 등의 관직을 폐지하였다: 晉 咸康 3년(337) 7월에 鎮軍左長史 封奕 등이 慕容皝에게 燕王에 즉위하라고 권유하자 慕容皝은 그대로 따랐다. 이에 여러 관사를 배치하고 封奕을 國相, 韓壽를 司馬, 裵開를 奉常, 陽鶩를 司隷, 王寓를 太僕, 李洪을 大理, 杜群을 納詅, 宋該·劉睦·石琮을 常伯, 皇甫

달하자 前燕의 사람들이 두려워하였다. 慕容皝이 內史 高 詡에게 말하기를, "장차 어떻게 했으면 좋겠는가?" 하니 內史는 前燕國의 內史이다. 대답하기를, 趙나라의 군대가 비록 강성하지만 족히 우려할 것이 없습니다. 다만 굳게 지켜서 방어한다면 저들이 어떻게 할 수가 없을 것입니다" 하였다.

石虎가 사신을 사방으로 보내 백성들을 招誘하니 誘의 음은 酉이다. 燕의 成周內史 崔燾, 居就令 游泓 武原令 常霸, 東夷校尉 封抽, 護軍 宋晃 등이 다 거기에 호응하여 무릇 36城을 차지하였다. 游泓은 游邃의 형의 아들이다. 冀陽의 流寓之士들이 함께 太守 宋燭을 살해하고 趙에 항복하니 宋燭은 宋晃의 從兄이다. 營邱의 內史 鮮于屈이 역시 사신을 보내 趙에 항복하였다. 武寧公 廣平 孫興이 吏民을 曉諭하여 함께 鮮于屈을 붙잡아 그 죄상을 낱낱이 세어 살해한 다음 성문을 닫아걸고 막아 지켰다. 成周·冀陽·營邱郡은 다 慕容廆가 설치한 것이다. 89권 愍帝 建興 二年條에 나와 있다. 居就縣은 漢·晉시대에 遼東郡에 소속되었다. 武原縣도 아마 역시 慕容氏가 설치한 縣일 것이다. 武寧縣도 역시 慕容氏가 설치한 것으로 營邱郡에 소속되어 있었다. 游邃는 88권 愍帝

真·陽協을 冗騎常侍, 宋晃·平熙·張泓을 將軍, 封裕를 記室監으로 삼고 10월에 燕王에 즉위하였다. 역사상에서는 이를 前燕이라고 칭하였다. 그런데 石虎가 공격해 오자 그 다음해 慕容皝은 常伯·冗騎常侍 등 관직을 폐지하였던 것이다.

建興 元年條에 나온다.

　朝鮮令 昌黎 孫泳이 군중을 이끌고 趙를 방어하였다. 帥는 率로 발음한다. 大姓 王請 등이 은밀히 趙에 內應할 것을 모의하자 孫泳이 붙잡아서 참형에 처하니 같이 모의했던 사람 수백 명이 두려워 떨면서 죄 주기를 청하였다. 孫泳이 다 석방하여 그들과 함께 막아 지켰다. 樂浪太守 鞠彭이 境內가 모두 반기를 들었기 때문에 鄕里의 壯士 200여 명을 선발하여 그들과 함께 棘城으로 돌아갔다. 樂浪은 漢의 古郡 지역이 아니고 慕容廆가 설치한 것이다. 88권 愍帝 建興 元年條에 나온다.『五代志』로써 고증해 보건대 樂浪·冀陽·營邱郡과 朝鮮·武寧 등의 縣은 분명 모두 隋나라 遼西郡 柳城縣 지역에 있었다. 鞠彭이 鄕人을 인솔하고 燕으로 돌아간 것은 91권 元帝 太興 二年條에 나온다. 樂浪의 音은 洛浪이다.

자료 원문

史部/編年類/資治通鑑/卷九十六/晉紀十八/顯宗成皇帝中下

趙王虎 以燕王皝 不會趙兵攻段遼 而自專其利 以皝掠段氏人民畜産 不待趙師至 而北歸也 欲伐之 太史令趙攬諫曰 歲星守燕 分師必無功 天文志 歲星贏縮 以其舍命國 其所居久 其國有德厚 五穀豐昌 不可伐也 分扶問翻 虎怒鞭之 皝聞之 嚴兵設備 罷六卿納言 常伯冗騎常侍官 去年 皝置六卿等官 冗而隴翻 趙戎卒數十萬 燕人震恐 皝謂內史高詡曰 將若之何 內史 燕國內史也 對曰 趙兵雖彊 然不足憂 但堅守以拒之 無能為也 虎遣使四出 招誘民夷 誘音西 燕成周內史崔燾 居就令游泓 武原令常霸 東夷校尉封抽 護軍宋晃等 皆應之 凡得三十六城 泓邃之兄子也 冀陽流寓之士 共殺太守宋燭 以降於趙 燭晃之從兄也 營邱內史鮮于屈 亦遣使降趙 武寧令廣平孫興 曉諭吏民 共收屈 數其罪

而殺之 閉城拒守 成周冀陽營邱郡 皆慕容廆所置 見八十九卷 愍帝建興二年 居就縣 漢晉屬遼東郡 武原蓋亦慕容氏所置縣也 武寧縣亦慕容氏所置 屬營邱郡 游邃見八十八卷 愍帝建興元年 朝鮮令昌黎孫泳 帥衆拒趙 帥讀曰率 大姓王請等 密謀應趙 泳收斬之 同謀數百人 惶怖請罪 怖普布翻 泳皆釋之 與同拒守 樂浪太守鞠彭 以境內皆叛 選鄉里壯士二百餘人 共還棘城 樂浪 非漢古郡地也 慕容廆所置 見八十八卷 愍帝建興元年 以五代志攷之 樂浪冀陽營邱郡 朝鮮武寧等縣 當盡在隋遼西郡柳城縣界 鞠彭率鄉人歸燕 見九十一卷 元帝太興二年 樂浪音洛琅

| 자료 해설 |

 이 자료에서 한국사와 관련해서 주목할 부분은 朝鮮令 昌黎 孫泳에 관한 기록이다. 이 자료는 여기 등장하는 成周·冀陽·營邱郡과 武原·武寧縣은 다 慕容氏가 새로 설치한 것이라고 밝히고 있다. 그리고 여기 나오는 樂浪郡도 漢의 古郡 지역이 아니고 慕容廆가 새로 설치한 樂浪郡임을 설명하고 있다.

 한무제가 설치한 漢나라의 옛 낙랑군은 원래 하북성 동쪽과 남쪽에 걸쳐 있었다. 慕容氏가 하북성 동쪽 요서에 새로 설치한 낙랑군은 한의 옛 낙랑군과는 지리상에서 약간의 차이가 있었다. 그래서 이렇게 말한 것이다. 그런데 유독 朝鮮縣에 대해서는 慕容氏가 여기에 새로 설치한 것이라는 설명이 덧붙여져 있지 않다.

 이것은 朝鮮縣은 慕容氏가 새로 설치한 것이 아니라 예로부터 있어온 縣이라는 것을 말해 준다. 그러면 당시에 朝鮮縣은 어디에 위치하고 있었는가. 이 자료는 『五代志』의 기록을 가지고 고증해 볼 때 朝鮮縣은 隋나라 때의 遼西郡 柳城縣 지역에 위치하고 있었다고 밝히고 있다.

 遼西郡은 전국시대 燕나라가 처음 설치하였고 그 후 시대마다 위치상에 약간의 변동이 있었다. 秦漢시대의 遼西는 대략 지금의 하북성 遷西와 樂亭 이동, 長城 이남, 大凌河 하류 이서지구에 위치했던 것으로 본다. 그 뒤에 遼西의 관할 경계는 점차 축소되어 16국 前燕시대에는 治所를 令支(지금 하북성 遷安 남쪽)에 두었고 北燕시대에는 또 肥如(지금 盧龍 북쪽)로 옮겼으며 北齊시대에는 遼西郡을 폐지하고 北平郡에 삽입시켰다. 그 후 隋나라 때 遼西郡을 다시 설치했는데 그 위치는 역시 요녕성 서쪽, 내몽고 남쪽, 하북성 동쪽에 있었다고 말할 수 있다.

『欽定盛京通志』권23「歷代建置沿革考」에 다음과 같이 기록되어 있다. "武帝가 朝鮮 땅을 개척하여 樂浪·玄菟·眞番·臨屯 4郡을 설치했고 뒤에 眞番·臨屯을 개정하여 遼西·遼東郡으로 삼았으며 東漢 시기에는 다시 屬國都尉를 설치했고 漢末에는 公孫度가 취하여 遼東을 분할하여 遼西·中遼郡으로 만들었는데 東方의 여러 나라들이 여기에 많이 부속되었다.

魏나라가 公孫氏를 정벌한 다음 東夷校尉를 설치하여 襄平에 거주시켰으며 遼東·昌黎·玄菟·帶方·樂浪 5郡으로 나누어 平州에 배치시켰다가 뒤에 다시 합쳐 幽州로 만들었다. 晉나라 시대에는 고구려가 遼東을 침략하여 소유하고 百濟가 遼西를 차지하였다. 뒤에 그 郡을 평정하고 遼東國·昌黎·玄菟·帶方·樂浪 4郡으로 개정하여 平州에 예속시키기를 예전처럼 하였다. 얼마 후에 慕容廆의 차지한 바가 되었으며 뒤에는 그대로 遼東郡으로 되었다. 隋나라 초기에는 고구려가 차지하였다."

　이 기록은 중국 동북 지역의 변천사를 비교적 간명하게 요약하고 있다. 漢武帝가 朝鮮 땅을 개척하여 樂浪·玄菟·眞番·臨屯을 설치했다가 뒤에 眞番·臨屯을 개정하여 遼西·遼東으로 삼았다는 것은 古朝鮮의 영토는 원래 압록강 일대에 국한되었던 것이 아니라 遼西·遼東을 포괄하는 광대한 지역에 걸쳐 있었던 것을 말해 준다. 그리고 漢武帝가 古朝鮮 땅을 개척했다고 하나 그것은 일시적인 현상에 불과하였다. 漢末에는 公孫度가 遼東을 잠시 차지했다가 晉나라 때는 다시 고구려가 遼東을 차지하고 百濟가 遼西를 차지하여 古朝鮮의 옛 영토를 회복하였다. 그 후 16국시대에 古朝鮮과 같은 東夷族 계열인 鮮卑 慕容廆가 이 지역을 차지했다가 隋나라 때는 다시 고구려가 회복하여 차지하고 있었던 것이다.

　그렇다면 隋나라 때의 遼西郡은 오늘날의 遼河 서쪽에 위치할 수 없으며 그보다 훨씬 더 서쪽으로 내륙 깊숙이 들어가 하북성 동쪽에 위치하고 있었던 것이다.
　서기 337년 전후에 隋의 遼西郡 柳城縣이 있던 그 일대에 朝鮮縣이 있었다고 밝힌 이 자료는 遼西朝鮮과 遼西樂浪의 역사를 증명하는 또 하나의 귀중한 자료가 된다고 하겠다.

> 자료 출전

『資治通鑑』

    北宋 때 司馬光 등이 지은 編年體 通史로 294권이다. 또 目錄 30권과 考異 30권이 있다. 위로 周威烈王 23년(서기전 403)으로부터 시작해서 아래로 五代 周世宗 顯德 6년(959)까지 1,362년간의 역사를 다루고 있다. 司馬光 이외에 이 책의 편찬에 참여한 인물은 주요하게 劉恕·范祖禹·劉攽 등이 있다.

    司馬光의 字는 君實, 號는 涑水先生 또는 溫國公으로, 陝州 夏縣(지금의 山西 夏縣) 사람이다. 宋真宗 시기에 尙書左僕射 兼門下侍郎을 지냈다.

    司馬光은 『資治通鑑』을 편찬한 목적에 대해 다음과 같이 말했다. "鑑前世之興衰, 考當今之得失" 즉 지난 역사상의 흥망성쇠를 통해 여기서 얻은 통치경험을 거울삼아 당시의 得과 失을 살피려는 것이 저자가 본서를 편찬하게 된 근본 의도였던 것이다.

따라서 이 책은 당시 宋神宗으로부터 높은 평가를 받았다. 神宗은 "鑑於往事 有資於治道" 즉 지난날의 통치경험을 거울삼을 수 있는 治道에 매우 유익한 책으로 인정하고 그런 의미에서 『資治通鑑』이라는 이름을 붙여준 뒤 친히 序文까지 지어 주었다.

이 책이 완성되기까지는 19년이라는 오랜 세월이 소요되었다. 司馬光은 스스로 "나의 精力은 여기에 다 소진되었다"라고 하였다. 주석서로는 宋末 元初시기 胡三省의 『資治通鑑音注』가 있다.

본서는 내용상에서 政治 · 軍事를 위주로 하였으며 經濟 · 文化의 발전에 대해서도 아울러 기술하였다. 그러므로 이 책이 刊行된 이후에 역대 통치자들로부터 많은 重視를 받았다. 특히 毛澤東이 평생을 머리맡에 두고 애독한 것으로 유명하다.

제 12 장
요서 낙랑
遼西 樂浪

> 자료 역문

『明一統志』권25「萊州府」

建置沿革

『禹貢』의 靑州 지역이고 天文은 危 分野이며 옛 萊夷의 땅이다. 春秋시대에 萊子國이 되었는데 齊候가 萊子를 郳로 옮겼다. 齊나라의 東쪽에 있었기 때문에 東萊라고 하였다.

秦나라 때는 齊郡에 소속되었고 漢나라 때 비로소 분할하여 東萊郡을 설치했으며 掖縣을 治所로 하고 靑州에 소속되었다. 東漢시대에 治所를 黃縣으로 옮겼다.

晉나라 때 東萊國으로 개정하고 다시 掖縣을 治所로 하였다. 劉宋 때 다시 고쳐서 郡으로 만들고 治所를 曲城으로 옮겼다. 後魏 때 靑州를 분할하여 光州를 설치하고 東萊郡을 관할했으며 역시 掖縣을 治所로 하였다.

隋나라 초기에 郡을 혁파하고 光州를 개정하여 萊州로 만들었으며 뒤에 다시 東萊郡으로 삼았다. 唐나라 때 萊州로 되었고 天寶 초기에 東萊郡으로 개정했으며 乾元 초기에 다시 萊州로 되었다. 宋나라 때는 京東 東路에 소속되었고 金나라에서는 州에 定海軍을 설치하였다. 元나라 초기에 軍을 폐지하고 州로써 益都路에 소속시켰고 뒤에 般陽路에 소속되었다. 本朝에서는 洪武 9년에 萊州府로 승격되었고 관하에 州 2개와 縣 5개를 거느렸다.

掖縣 附郭[1]이다. 본래 漢의 舊縣으로 東萊郡의 治所가 되었다. 晉나라 때는 東萊國에 소속되었고 北齊시기에는 曲城·當利 2縣을 없애고 여기에 편입시켰다. 隋나라에서 元나라에 이르기까지 아울러 萊州의 治所가 되었다. 本朝에서는 그것을 그대로 따랐다. 編戶[2]는 38里이다.

平度州 府城 남쪽 100리에 있다. 漢나라 때 平度縣이 있어 東萊郡에 소속되었고 東漢 때는 膠東縣을 설치하여 北海國에 소속되었으며 晉나라 때는 濟南郡에 소속되었다. 後魏 때 北海郡에 소속되었다가 隋나라 때 膠水郡으로 개정하여 東萊郡에 소속시켰다. 唐·宋·金·元 시대에는 아울러 萊州가 되었다. 本朝에서는 洪武 연간에 縣을 승격시켜 平度州로

---

1) 附郭: 府의 行政衙門 소재지를 府治 또는 附郭이라고 하였다. 府의 城郭 부근에 있다는 뜻으로서 治所의 다른 표현이라고 하겠다.

2) 編戶: 戶口에 편입된 일반 평민들을 가리킨다. 『漢書』「梅福傳」에 "今仲尼之廟 不出闕里 孔氏子孫不免編戶"라고 나온다.

만들어 萊州府에 소속시켰다. 編戶는 136리이고 관할하는 縣은 2개이다.

濰縣 州의 서쪽 180리에 있다. 본래 漢의 下密縣으로 膠東國에 속하였다. 隋나라 때 北海縣으로 고쳤고 唐나라 때 濰州를 설치하여 北海縣을 治所로 하였다가 얼마 후에 州를 폐지하고 縣으로써 靑州에 소속시켰다. 宋나라 때 北海郡을 세웠다가 얼마 후 다시 濰州로 삼았다. 金나라 때는 山東路에 속하였고 元나라 때는 益都路에 속하였다. 本朝에서는 縣을 감소시켜 州에 편입시켰고 또 州를 개정하여 縣으로 삼아 萊州府에 소속시켰다. 뒤에 다시 고쳐서 平度州에 예속시켰다. 編戶는 86리이다.

昌邑縣 州의 서쪽 120리에 있다. 본래 漢의 都昌縣으로 北海郡에 소속되었다가 後魏 때 감소되었다. 隋나라에서 다시 설치하여 靑州에 소속시켰는데 唐나라에서 폐지시켰다. 宋나라 때 비로소 昌邑縣을 설치하여 濰州에 소속시켰고 金과 元에서는 그대로 따랐다. 本朝에서는 처음에 萊州府에 소속시켰다가 뒤에 고쳐서 平度州에 예속시켰다. 編戶는 94리이다.

膠州 府城 남쪽 220리에 있다. 본래는 春秋시대 介國의 땅이었다. 漢나라 때 黔陬縣의 땅으로 되어 琅琊郡에 소속되었고 晉나라 때는 城陽郡에 소속되었다. 後魏 때 膠州를 설치했다. 境內의 膠水에서 따서 이런 地名을 붙인 것이다. 隋나라 때 膠西縣을 설치하고 黔陬縣을 감소시켜 거기에 편입시켰다. 唐나라에서는 州를 생략하고 高密縣에 편입시켰다. 宋나라에서는 臨海軍을 설치했고 金나라에서는 膠西縣으로 개정하여 密州에 소속시켰다. 元나라에서는 다시 膠州를 설치하고 益都路에 소속시켰다. 本朝에서는 縣을 없애 州에 편입시키고 또 지금의 소속으로 바

꾸었다. 編戶는 93리이고 관할하는 縣은 2개이다.

高密縣 州의 서쪽 50리에 있다. 본래 齊 晏平仲의 封邑이다. 漢나라에서 高密縣을 설치했다. 境內의 密水에서 따서 이름을 붙인 것이다. 文帝 때 膠西國이 되었고 宣帝가 高密國으로 개정했으며 東漢 때 國을 없애고 縣으로서 北海郡에 소속시켰으며 晉나라 때는 城陽郡에 소속시키고 宋나라 때는 高密郡에 소속시켰다. 隋와 唐에서는 다 密州에 소속시켰다. 元나라 때는 膠州에 소속시켰고 本朝에서는 그것을 그대로 따랐다. 編戶는 88리이다.

卽墨縣 州의 동쪽 120리에 있다. 본래는 齊나라 땅이다. 그 지역이 墨水에 臨하여 있기 때문에 卽墨이라고 하였다. 漢에서 縣을 설치하여 膠東國의 治所로 삼았다. 東漢에서 北海國에 소속되고 晉에서는 濟北國에 소속되었으며 北齊에서는 감소시켰다. 隋나라에서 다시 不夜縣城 동북쪽 27리에 卽墨縣을 설치하였다. 바로 지금의 治所이다. 元에서는 膠州에 소속시켰다. 本朝에서는 바꾸어 萊州府에 소속시켰다가 뒤에 다시 膠州에 소속시켰다. 編戶는 85리이다.

······山川······ 女姑山 卽墨縣 서남쪽 30리에 있다. 산 위에는 明堂과 女姑祠 遺址가 있다. 漢武帝가 세운 것이라고 세상에 전한다. 不其의 太一仙人 사당이 9개인데 이곳이 그 중의 하나이다. 또 동쪽에 中祠山과 天雪山이 있는데 다 神祠遺址가 있다. 세상에서는 다 漢 九祠의 장소로 전해진다. 不其山 卽墨縣 동남쪽 40리에 있다.『三齊記』에 "漢 鄭玄이 일찍이 산 아래에서 敎授하였다"라고 하였다. 크기가 薤와 같은 풀이 있는데 잎사귀 길이가 한자 남짓하고 단단하기가 특이하여 康成書帶草라

부른다. 또 馴虎山이라고도 하는데 童恢呪虎³⁾의 일로 인해서 이런 명칭이 붙게 되었다. 勞山 即墨縣 동남쪽 60리 바닷가에 있다. 산이 두 개가 있다. 하나는 높고 큰데 이를 大勞山이라 하고 다른 하나는 약간 작은데 이를 小勞山이라고 한다.

『齊記』에 "泰山이 크다고 하지만 東海의 勞山만 같지 못하다"라고 하였다. 逢萠⁴⁾이 遼東으로부터 돌아와 이곳에서 뜻을 기르고 도를 닦았다.

書院 鄭玄書院 即墨縣 동남쪽 25리에 있다. 東萊書院 府의 治所 서남쪽에 있다. 宋儒 呂祖謙이 先世에 萊州人이었기 때문에 세상에서 東萊先生이라 불렸다. 後人이 그를 사모하여 이곳에 書院을 세워 제사 지냈다. 本朝 景泰 5년에 重修하였다.

陵墓……鄭玄墓 高密縣에서 서북쪽으로 50리에 있다. 唐貞觀 연간에 일찍이 樵採를 금지시켰다. 『高士傳』에 "袁紹가 官渡⁵⁾에 군사를

---

3) 童恢呪虎: 童恢가 縣令이 되었을 때 호랑이를 훈계하였다는 기록이 『後漢書』「循吏列傳」제66에 실려 있다.

4) 逢萠: 逢萠의 生卒年은 알 수가 없고 字는 子康이며 東漢 北海 都昌(지금 昌邑) 사람이다. 가정이 빈한하여 일찍이 亭長이 되었다. 뒤에 長安에 가서 『春秋』를 배웠다. 王莽의 통치에 불만을 품고 바다 건너 遼東으로 가서 객지 생활을 하였다. 陰陽之術에 조예가 깊었다. 東漢 초년에 崂山에 이르러 수도하였다. 조정에서 여러 차례 불렀으나 시종 벼슬에는 나가지 않다가 수명이 다하여 죽었다. 그의 생애는 『後漢書』「逸民傳」〈逢萠傳〉에 실려 있다.

5) 官渡: 官渡는 地名으로 東漢 末年 "三大戰場"의 하나이다. 東漢 獻帝 建安 5년

주둔하고 鄭玄에게 軍營을 따라 올 것을 요청하였다. 鄭玄은 하는 수 없이 병든 몸을 이끌고 따라 가다가 魏郡에 이르러 卒하였다. 劇東에 장사 지냈다가 뒤에 礪阜에 歸葬하였다"라고 하였다.

古蹟 沙丘城 掖縣 경내에 있는데 商紂가 쌓았다고 전해진다. 바로 秦始皇이 崩한 곳이다. 唐 李白의 詩에 "내가 무슨 일로 왔던가, 沙丘城에 높이 누워 있구나. 城邊에 古樹가 있어, 밤낮으로 가을 소리 이어진다"라고 하였다. 密城 昌邑縣 동남쪽 25리에 있다. 『春秋』에 "紀子帛 莒子가 密에서 會盟했다"라고 한 곳이 바로 이곳이다. 都昌城 昌邑縣 경내에 있다. 齊景公이 都昌으로써 晏子에게 봉하니 사양하고 받지 않았다고 한 곳이 바로 이곳이다. 漢나라 때 縣으로 되어 北海郡에 소속되었으며 隋나라에서는 그것을 그대로 따랐다가 唐나라에서 없앴다. 介根城 膠州 서남쪽 5리에 있다. 『左傳』에 "齊侯가 莒를 정벌하고 介根을 침략했다"라고 말한 곳이 바로 이곳이다. 漢나라에서는 計斤縣을 설치하였다. 卽墨故城 平度州의 동남쪽 60리에 있다. 齊나라의 옛 읍이다. 戰國시대에 田單이 이곳에서 燕兵을 격파하였다. 漢나라에서는 膠東郡의 治所로 삼았다. 곁에 樂毅城이 있는데 樂毅가 卽墨을 공격할 때 쌓은 것이라고 전해진다.

---

(200)에 曹操의 군대가 袁紹의 군대와 官渡(지금의 河南省 中牟 동북쪽)에서 대치했는데 여기에서 戰略적인 決戰을 전개하였다. 曹操는 袁紹의 군대를 烏巢의 糧倉(지금의 河南省 封丘 서쪽)에서 奇襲하였고 이어서 袁紹軍의

不其城 卽墨縣 서남쪽 27리에 있다. 漢에서 縣을 설치했고 北齊에서 감소시켰다.

夷安城 高密縣 경계에 있다. 옛 萊의 夷濰邑이다. 漢에서 夷安縣을 설치했다.

城陰城 高密縣 서남쪽 40리에 있는데 漢 鄭玄의 碑가 있다. 바로 高密城이다.

黔陬城 高密縣 서남쪽 10리에 있는데 옛 介國이다. 漢에서 黔陬縣으로 되었다.

寒亭 濰縣에서 동북쪽으로 30리에 있다. 옛 寒國[6]이다. 寒浞을 이곳에 봉하였다.

주력부대를 격멸시켰다. 이는 중국 역사상 약한 군대로써 강한 군대와 싸워 이긴 유명한 전쟁의 하나로서 가위 曹操가 중국 북방을 통일하는 데 기초를 다졌다고 할 수 있다.

6) 寒國: 夏代 중엽 동방에 건립되어 있던 나라 이름이다. 伯明氏의 후예로 알려져 있는데 고대 한국(韓國)과 관련이 있는 나라일 것으로 여겨진다. 전하는 바에 따르면 夏朝의 임금인 太康이 정사를 제대로 돌보지 않다가 그의 부하인 后羿에 의해 살해되고 정권이 교체되었다. 后羿는 왕위를 취득한 이후에 太康의 전철을 밟으며 수렵과 음주를 즐겼다. 그의 신하 寒浞이 后羿에게 신임을 얻은 뒤에 또 后羿를 몰아내고 자기의 정권 古寒國을 건립하였고 아울러 斟灌·斟尋 등 諸侯國을 정복하여 古寒國의 판도를 확장하였다. 역사상 古寒國의 國都는 지금의 寒亭區 寒亭村내에 건립되었던 것으로 전해진다. 寒浞 정권에 관한 역사 자료는 『左傳』·『論語』·『孟子』 등 문헌 가운데 산견된다. 寒浞이 寒亭에서 國都를 건립했다는 기록은 北魏의 『水經注』, 宋의

斟亭　濰州의 동남쪽 50여 리에 있다. 옛 斟尋國이다.

名宦……漢 薛宣[7] 不其의 丞이다. 琅琊[8]太守 趙貢이 縣에 행차하여 薛宣을 보고 매우 기뻐하였으며 그의 청렴함을 살피고 나서 樂浪都尉丞[9]으로 옮겨 주었다

『太平寰宇記』, 元의 『齊乘』등 역사전적에 많이 출현한다. 국세가 날로 강대해져 감에 따라 寒浞이 또한 后羿처럼 부패타락의 길을 걷다가 일심으로 復國을 꿈꾸던 夏太康의 아들 少康이 발동한 전쟁에 의해 寒國이 멸망되었다.

7) 薛宣: 薛宣의 字는 贛君으로 東海 郯(지금 山東 郯城) 사람이며 西漢 말년에 丞相을 역임했다. 敬武公主의 남편으로 高陽侯에 봉해졌다. 不其縣丞·樂浪都尉丞·宛句令·長安令 등을 역임했다. 成帝 때 御史中丞·執法殿中·外總部刺史가 되었다. 嘉鴻 원년(서기전 20) 정월에 御史大夫가 되고 4월에 丞相에 취임하였다. 관직에 종사하는 동안 상벌이 분명하고 법도가 공평하다는 평가를 들었다.

8) 琅琊: 고대 地名, 지금의 山東省 膠南市 琅琊鎭에 위치하고 있었다. 春秋시대엔 여기에 齊國의 琅琊邑이 있었고 秦나라가 六國을 統一한 후에는 전국을 36郡으로 나누어 여기에 琅琊郡을 설치하였다. 西漢 시기의 琅琊郡은 관하에 51개 縣을 관할하였는데 지금 산동반도 동남부의 海陽·即墨·嶗山·膠州·膠南·沂水·莒南·日照·五蓮·贛榆(지금 江蘇 贛榆) 靑島 등 지역을 포괄하였다. 春秋시대에 越王 句踐이 琅琊에 遷都했다는 설이 있다.

9) 樂浪都尉丞: 『後漢書』 「東夷傳」에 "昭帝始元五年 罷臨屯眞番 以並樂浪玄菟 玄菟復徙居句驪 自單單大嶺已東 沃沮穢貊 悉屬樂浪 後以境土廣遠 復分領東七縣 置樂浪東部都尉"라고 기록되어 있다. 樂浪東部都尉 관할 하에 嶺東의 7개 縣이 모두 포함된 것을 본다면 樂浪都尉는 樂浪郡에서 太守 다음 가는 높은 벼슬이었음을 알 수 있다. 물론 당시에 樂浪郡은 東部都尉와

人物……周 晏嬰[10] 萊州의 夷維 사람이다. 齊景公을 보좌하였는데 식사할 때는 두 가지 이상의 고기를 먹지 않았고 妾은 비단 옷을 입지 않았으며 여우가죽 옷 한 벌을 가지고 30년을 입었다. 충성을 다 하고 과오를 보완하여 이름이 諸侯들 사이에 드러났다. ……漢 鄭玄 北海 高密 사람이다. 關에 들어가 馬融을 따라 受學하였다. 뒤에 鄕里로 돌아오니 學徒의 따르는 자가 수백 수천 명이었다. 國相 孔融이 몹시 공경하였다. 鄭玄이 일찍이 길에서 黃巾賊 수만 명과 마주쳤는데 鄭玄을 보고 다 절하며 縣의 境內에 들어가지 말자고 서로 약속하였다. 袁紹가 冀州의 원수가 되어 빈객을 크게 모아 異端을 競設하니 百家가 서로 일어났는데

함께 南部都尉도 두고 있었다. 都尉라는 관직은 전국시대에 최초로 설치되었다. 그때는 職位가 將軍에 버금가는 武官이었다. 秦과 漢 초기에는 각 郡마다 郡尉가 있었는데 직급은 2,000石에 비견되었으며 太守를 보좌하여 軍事를 관장하였다. 漢景帝 때 都尉로 명칭을 바꾸었다. 樂浪都尉丞은 樂浪都尉를 보좌하는 직책으로 고대에 府丞·縣丞 등의 벼슬이 있었다. 丞은 輔佐·輔肋의 의미를 내포하고 있다.

10) 晏嬰: 晏嬰(서기전 578~서기전 500)의 字는 仲, 諡號는 平인데 보통 晏平仲 또는 晏子라고 호칭한다. 夷維(지금 山東省 萊州) 사람으로 齊國 上大夫 晏弱의 아들이다. 전하는 바에 따르면 晏嬰은 키가 작고 모양이 볼품없었다고 하는데 齊靈公 26년(서기전 556) 그의 아버지가 病死하자 뒤를 이어 上大夫가 되었다. 평소 검소하게 생활하고 겸손한 자세로 아랫사람을 예우한 것으로 유명하다. 齊靈公·齊庄公·齊景公 三朝를 섬기며 국정을 보좌한 것이 장장 50여 년에 달한다. 그의 묘소는 현재 山東 淄博 齊都鎭 永順村 동남쪽 약 350미터 지점에 보존되어 있다.

鄭玄이 종류에 따라 辨對하여 모두 질문 밖에서 나오자 탄복하지 않는 이가 없었다.

史部/地理類/總志之屬/明一統志/ 卷二十五

萊州府
建置沿革 禹貢青州之域 天文危分野 古萊夷地 春秋為萊子國 齊侯遷萊子于郳 在國之東 故曰東萊 秦屬齊郡 漢始析置東萊郡 治掖縣 屬青州 東漢徙治黃縣 晉改東萊國 復治於掖 劉宋仍改為郡 徙治曲城 後魏分青州 置光州 領東萊郡 同治於掖 隋初罷郡改光州 為萊州 後復為東萊郡 唐為萊州 天寶初改東萊郡 乾元初復為萊州 宋屬京東東路 金於州置定海軍 元初廢軍 以州屬益都路 後屬般陽路 本朝洪武九年 陞為萊州府 領州二縣五 掖縣 附郭 本漢舊縣 為東萊郡治 晉属東萊國 北齊以曲城當利二縣省入 隋至元 並為萊州治 本朝因之 編户三十八里 平度州 在府城南一百里 漢有平度縣 屬東萊郡 東漢置膠東縣 属北海國 晉属濟南郡 後魏属北海

郡 隋改為膠水郡 属東萊郡 唐宋金元 並為萊州 本朝洪武中 陞縣為平度州 属萊州府 編戶一百三十六里 領縣二 濰縣 在州西一百八十里 本漢下密縣 属膠東國 隋改北海縣 唐置濰州 治北海縣 尋廢州 以縣属青州 宋建北海軍 尋復為濰州 金属山東東路 元属益都路 本朝省縣入州 又改州為縣 属萊州府 後改隸平度州 編戶八十六里 昌邑縣 在州西一百二十里 本漢都昌縣 属北海郡 後魏省 隋復置 屬青州 唐廢 宋始置昌邑縣 属濰州 金元因之 本朝初属萊州府 後改隸平度州 編戶九十四里 膠州 在府城南二百二十里 本春秋介國地 漢為黔陬縣地 属琅琊郡 晉属城陽郡 後魏置膠州 取境内膠水為名 隋置膠西縣 以黔陬縣省入 唐省州 入高密縣 宋置臨海軍 金改為膠西縣 属密州 元復置膠州 属益都路 本朝 省縣入州 又改今属 編戶九十三里 領縣二 高密縣 在州西五十里 本齊晏平仲封邑 漢置高密縣 取境内密水為名 文帝時為膠西國 宣帝改為高密國 東漢國除 以縣属北海郡 晉属城陽郡 宋属高密郡 隋唐皆属密州 元属膠州 本朝因之 編戶八十八里 卽墨縣 在州東一百二十里 本齊國地 以其地臨墨水 故曰卽墨 漢置縣 為膠東國治 東漢属北海國 晉屬濟北國 北齊省 隋復於不夜縣城東北二十七里 復置卽墨縣 卽今治 元属膠州 本朝改属萊州府 後復屬膠州 編戶八十五里 …… 山川 …… 女姑山 在卽墨縣西南三十里 上有明堂及女姑祠遺址 世傳漢武帝所建 不其太一仙人祠九 此其一也 又東有中祠山天雪山 皆有神祠遺址 世傳皆漢九祠之所 不其山 在卽墨縣東南四十里 三齊記 漢鄭玄嘗教授此山下 有草大如薤 葉長尺餘 堅韌異常 號康成書帶草 又名馴虎山 因童恢呪虎之事

而名之也 **勞山** 在即墨縣東南六十里海濱 山有二 其一高大曰大勞 其一差小曰小勞 齊記 泰山雖言大 不如東海勞 逢萌歸自遼東 養志脩道於此 **書院** 鄭玄書院 在即墨縣東南二十五里 東萊書院 在府治西南 宋儒呂祖謙 以先世萊州人 世號東萊先生 後人慕之 為立書院於此 祠之 本朝景泰五年 重脩 **陵墓……** 鄭玄墓 在高密縣西北五十里 唐貞觀中 嘗禁樵採 高士傳 袁紹屯官渡 請玄隨營 玄不獲已 載病從 至魏郡卒 葬於劇東 後歸葬礪阜 **古蹟** 沙丘城 在掖縣界內 世傳商紂所築 即秦始皇崩處 唐李白詩 我來竟何事 高卧沙丘城 城邊有古樹 日夕連秋聲 **宻城** 在昌邑縣東南二十五里 春秋紀子帛莒子 盟于宻 即此 **都昌城** 在昌邑縣界內 齊景公封晏子以都昌 辭而不受 即此 漢為縣 属北海郡 隋因之 唐省 **介根城** 在膠州西南五里 左傳 齊侯伐莒侵介根 即此 漢置計斤縣 **即墨故城** 在平度州東南六十里 齊舊邑 入戰國時 田單破燕兵于此 漢為膠東郡治 傍有樂毅城 世傳樂毅攻即墨時所築 **不其城** 在即墨縣西南二十七里 漢置縣 北齊省 **夷安城** 在高密縣境 故萊夷濰邑 漢置夷安縣 **城陰城** 在高密縣西南四十里 有漢鄭玄碑云 即高密城也 **黔陬城** 在高密縣西南十里 故介國 漢為黔陬縣 **寒亭** 在濰縣東北三十里 古寒國 浞封此 **斟亭** 在濰州東南五十里 古斟尋 **名宦……** 漢薛宣 不其丞 琅琊太守趙貢 行縣 見宣甚悅 察其廉 遷樂浪都尉丞 **人物……** 晏嬰 萊之夷維人 相齊景公 食不重肉 妾不衣帛 一狐裘三十年 盡忠補過 名顯諸侯…… 漢鄭玄 北海高密人 入關從馬融受學 後歸鄉里 學徒相隨者數百千人 國相孔融 深敬之 玄嘗道遇黃巾賊數萬人 見玄皆拜相約不敢

入縣境 袁紹帥冀州 大會賓客 競設異端 百家互起 玄隨方辨對 咸出問表 莫不嘆服

자료 해설

『明一統志』에는 萊州府의 建置沿革·形勝·風俗·山川·土産·公署·學校·書院·宮室·關梁·寺觀·祠廟·陵墓·古蹟·名宦·人物 등 萊州府의 歷史와 文化를 한눈에 살필 수 있는 내용이 상세히 기록되어 있다.

다만 여기서는 지면 관계상 위의 전문을 그대로 인용하지 않고 필요한 부분만 抄譯하였다. 우리가 萊州府를 주목하는 이유는 이곳은 본래 東夷國의 하나인 萊夷國의 땅으로서 萊夷는 특히 百濟와 관련이 있고 한국의 고대사를 연구하는 데 여러 가지로 참고할 가치가 있기 때문이다.

山川條의 女姑山에는 "太一仙人祠九" "漢九祠" 등의 기록이 있는데 이를 漢武帝의 창건으로 설명하고 있다. 그러나 이곳은 東夷의 九夷 지역이므로 漢九祠가 아닌 東夷의 九夷와 관련이 있는 사당으로 보는 것이 옳을 것이다. 山川條의 不其山에는 漢 鄭玄이 이 산 밑에서 제자들을 가르쳤다고 기록하고 있는데, 현재 靑島市 외곽에 鄭玄이 강학하던 書院 유적이 남아 있다. 不其山은 현재 山名이 鐵騎山으로 바뀌어 일반적으로 사람들은 不其山을 잘 알지 못한다.

筆者는 지난해 不其山은 불족(밝달족)과 箕族(箕子族)에서 유래한 이름이라고 『青島遺蹟』에서 소개한 글을 보고 답사차 그곳을 방문했는데, 박물관의 직원도 不其山에 대해 전혀 아는 바가 없었다. 다행히 鄭玄의 고향 固密 사람으로 青島에 와서 택시운전을 한다는 孟子의 후손을 만나 어렵지 않게 不其山을 찾을 수 있었다. 그는 不其山이 자기 고향의 名賢이 강학하던 곳이므로 역사자료를 뒤져서 미리 답사한 경험이 있었던 것이다. 이 不其山은 바로 그 유명한 青島의 嶗山에서 그리 멀지 않은 곳에 있다. 이 일대가 모두 고대 萊夷의 근거지였으므로 不其山이라는 이름이 불족과 기족에서 유래했다는 주장은 상당히 설득력이 있다고 하겠다. 앞으로 東夷史의 재정립을 위해 不其山에 대한 연구는 필수적이라 할 것이다.

　萊州府의 書院條에는 鄭玄書院과 함께 東萊書院이 소개되어 있다. 筆者가 답사한 바에 의하면 鄭玄書院은 현재 不其山 아래에 잡초가 우거진 채 빈터만 남아 있다. 그곳이 鄭玄書院임을 알리는 표지판 하나 설치되어 있지 않았다. 동네 이름이 書院里라서 거기에 書院이 있었음을 말해 주고 있었고, 거기에 鄭玄書院이 있었다고 동네 사람들의 口傳으로 전해 오고 있었다.

　鄭玄은 漢代의 經學을 대표하는 학자였다. 春秋戰國시대 유학을 대표하는 학자가 孔孟이고 漢代의 漢學을 대표하는 학자가 鄭玄이고 宋代의 性理學을 대표하는 학자가 程朱이다. 鄭玄이 없었다면 漢學이 존재하지 않았다고 말할 수 있을 정도로 鄭玄이 漢學에 끼친 영향이 컸다. 그런데 그가 평생 강학하던 書院이 잡초만 우거진 채 폐허로 변해버린 참담한 모습을 보고 가슴이 아팠다.

혹시 鄭玄이 萊夷의 옛 땅에서 태어나 불족과 기족의 근거지 不其山 아래에서 강학했기 때문에 의도적으로 그 유적을 말살하고 방치한 것은 아닐까. 그런 오해를 사지 않기 위해서라도 鄭玄書院은 再建立을 서둘러야 할 것이다.

가위 선비들의 필독서라 할 만큼 『東萊博議』는 한국의 유학자들에게도 널리 알려진 책이다. 그러나 東萊 呂祖謙이 또한 그 조상이 萊夷의 땅 東萊 사람이며 알게 모르게 萊夷文化의 영향을 받았다는 사실을 아는 사람은 많지 않을 것이다. 漢學을 대표하는 학자 鄭玄과 宋學의 주요 인물 呂祖謙이 모두 그 근원을 따져 보면 萊夷와 불가분의 관계가 있는 것이다.

본 자료 陵墓條에는 "鄭玄의 墓가 高密縣에서 서북쪽으로 50리에 있다"라고 말하였다. 『太平寰宇記』 高密縣條에는 "鄭玄의 墓가 縣의 서북쪽 10리에 있는데 鄭玄은 이 縣 사람이다"라고 하였다.

『太平寰宇記』 高密縣條에는 또 이런 기록도 보인다. "計斤城 今縣東南四十里 卽左氏傳所謂介根城 莒始封于此 后徙于莒城 漢以爲計斤縣 屬琅琊郡 有鹽官 卽今根城也"

高密縣에서 동남쪽으로 40리에 計斤城이 있는데 이는 『左氏傳』에 말한 介根城이다. 漢나라 때 計斤縣으로 명칭을 바꾸어 琅琊郡에 소속시켰다는 내용이다. 介根은 바로 春秋시대 東夷國의 명칭으로

『春秋』에 여러 군데 보인다.

그런데 이 介根을 漢나라 때 음이 비슷한 計斤으로 바꾸어 버렸으니 計斤이 바로 介根이라는 것을 아는 사람은 많지 않을 것이다.

『太平寰宇記』 高密縣條에는 "高密縣西 有鄭玄宅"이라는 기록도 보인다. 鄭玄은 그가 생전에 살던 집도 그가 사후에 안장된 묘소도 다 高密에 있었다. 그런데 이 高密은 바로 고대의 萊夷의 터전이요 介根夷의 활동무대인 것이다.

본 자료는 古蹟條에서 沙丘城이 萊州 掖縣 경내에 있다고 소개하고 있다. 그리고 秦始皇이 돌아간 곳이 바로 이곳이라고 밝히고 있다. 세상에서 秦始皇이 沙丘에서 客死했다는 것을 아는 사람은 많지 않고, 그 沙丘 땅이 바로 萊州에 있었다는 사실을 아는 사람은 정말 드물다. 元 于欽의 『齊乘』 권4에는 "沙丘가 鉅鹿縣에 있다"라고 말하고 있지만 『明一統志』의 이 기록은 나름대로 근거가 있을 것이다.

掖縣은 萊州와 東萊郡의 治所가 있던 곳으로 본래는 萊人이 살던 萊子國의 땅이었다. 천하를 통일한 秦始皇이 결국 萊夷의 땅에 와서 客死한 것은 東方 6國 멸망에 대한 萊夷의 반감이 작용한 것과 관련이 있는 것은 아닐까. 지금 2,000여 년 전 秦始皇이 客死한 死因을 정확히 규명할 방법은 없다. 그러나 그가 商紂가 쌓은 沙丘城, 萊夷들이 살던 萊國 땅에서 客死했다는 것은 분명 어떤 역사적인 비밀스러운 이야기가 숨겨져 있을 수 있다. 앞으로 萊夷와 秦始皇과의 관계를 연구해 볼 필요가 있을 것이다. 그리고 본 자료는 古蹟條에서

密城·介根城·卽墨故城·不其城·夷安城·城陰城·黔陬城 등 유적을 소개하고 있는데, 이는 春秋시대의 東夷 즉 九夷의 후예들이 남긴 유적들로서 앞으로 東夷史 연구 특히 百濟史 연구에서 주목해야 할 지명들이다.

예를 들어 高密縣 경내에 있는 夷安城은 옛 萊夷의 夷濰邑인데 漢나라 때 여기에 夷安縣을 설치하였다고 하였다. 그런데 春秋시대의 그 유명한 齊나라 재상 晏嬰이 바로 이 萊의 夷濰邑 사람이다. 본 자료의 人物條에서 晏嬰을 "萊之夷維人"이라고 소개하고 있지만 사마천『史記』에도 "晏嬰 齊之萊夷維人也"라고 말한 것으로 볼 때 晏子는 萊夷의 후예가 확실한 것으로 보인다.

漢學을 대표하는 학자 鄭玄과 함께 春秋시대의 名宰相인 晏嬰이 또한 萊夷의 근거지에서 그 문화의 영향을 받고 생장했다고 하는 사실은 중국 역사상에서 東夷史가 지닌 비중을 결코 과소평가할 수 없는 중요한 대목을 시사한다고 하겠다.

그리고 이 자료에서 우리가 한국의 古朝鮮史와 관련해서 또 하나 주목하는 부분은 名宦條에 소개된 薛宣이라는 인물에 관한 기록이다.

薛宣은 漢나라 不其丞을 지냈다. 본 자료는 古蹟條에 不其城이 卽墨縣에서 서남쪽으로 27리에 있다고 하였다. 不其城이란 바로 不其縣城을 말하는 것으로 薛宣은 바로 이곳 縣에서 縣丞으로 재직하고 있었다. 그런데 지금 山東省 膠南市를 중심으로 그 일대 동남부 지역에 위치한 琅琊郡의 太守로 있던 趙貢이 不其縣에 행차했다가 薛宣을 보고 그를 좋아한 나머지 樂浪都尉丞으로 자리를 옮겨 주었다. 그러니까 같은 丞이지만 都尉丞은 縣丞보다는 훨씬 격이 높은 자리였기 때문에 그를 배려하여 영전시켜준 것이다.

이 기록을 통해서 우리가 주목하는 것은 樂浪郡의 위치 문제이다. 薛宣이 縣丞으로 있던 不其縣은 오늘의 山東省 卽墨市 부근에 있었고 趙貢이 太守로 있던 琅琊郡은 山東省 膠南市 일대에 위치하고 있었다. 따라서 不其縣과 琅琊郡은 서로 이웃하고 있던 郡·縣이다. 이때 琅琊太守가 都尉丞으로 薛宣을 추천하여 보낸 樂浪이 과연 한반도 대동강 유역에 있던 樂浪이라고 말할 수 있겠는가. 趙貢이 琅琊郡太守가 아닌 遼東郡太守로 있었고 薛宣이 山東省에 있는 不其縣丞이 아닌 遼寧省에 있는 輯安縣丞이었다고 하면 압록강 건너 대동강 유역에 있는 樂浪都尉丞으로 보내는 일이 가능할 수도 있는 일이다. 그러나 지금처럼 항공기나 선박이 자유롭게 내왕하는 시절도 아닌데 아무리 영전이라지만 어떻게 한반도까지 갈 수가 있었겠는가.

이 자료를 미루어 생각해 볼 때 漢나라 때 樂浪郡은 오늘의 하북성 동남쪽에 위치하고 있었다. 樂浪郡은 東部都尉와 南部都尉를 두고 있었는데 南部 都尉는 하북성 남쪽에, 東部都尉는 하북성 동쪽에 있었다고 본다.

방위상으로 산동성 북쪽은 하북성 남쪽과 맞닿아 있다. 여기서 薛宣이 樂浪都尉丞으로 자리를 옮겼다고만 말하고 구체적으로 그가 옮긴 곳이 東部인지 南部인지는 언급하지 않고 있지만 그는 아마도 지리적으로 볼 때 산동성에서 가까운 南部都尉丞으로 갔을 가능성이 많다.

이 자료는 漢나라 때 樂浪의 위치를 밝혀주는 직접 자료는 아니다. 그러나 당시 樂浪郡이 遼西에 있었다는 것을 설명해 주는 또 하나의 간접자료가 되기에 충분하다고 하겠다.

> 자료 출전

『明一統志』

　『明一統志』의 원래 명칭은『大明一統志』이다. 李賢 · 彭時 등이 皇帝의 敕命을 받들어 편찬한 官撰 地理總志이다. 明英宗 天順 5년 (1461) 4월에 완성되었고 모두 90권이다.

　李賢(1408~1466)은 河南 鄧縣사람으로 吏部尚書 · 華盖殿大學士를 역임했고, 彭時(1416~1475)는 江西 安福사람으로 吏部尚書 · 文淵閣大學士를 역임했다.

　永樂 16년(1418)에 明成祖가 詔書를 내려『天下郡縣志』를 편찬하도록 하였는데 완성되지 못하였다. 景泰 5년(1454)에 代宗 (1428~1457)이 少保 兼太子太傅 · 戶部尚書 陳循 등을 명하여 그 관속들을 인솔하고 天下의 地理志를 편찬하도록 했다. 다시 進士 王重 등 29인을 전국 각지로 나누어 파견하여 事迹을 채록하게 하였고 또 각지에 志書를 纂修하여 올리도록 독촉하였다. 2년이 지난 뒤에『寰宇通志』119권을 완성하였다.

英宗이 즉위하고 난 뒤『寰宇通志』가 "번거롭고 간략함이 합당을 잃고 버리고 취함이 타당하지 않다(繁簡失宜 去取未當)"라는 것을 이유로 天順 2년(1458)에 李賢·彭時 등을 명하여『寰宇通志』에 대한 수정 보완작업을 진행하도록 지시하여 天順 5년에 책이 완성되었다. 英宗이 친히 序文을 지었고『大明一統志』라는 이름을 하사하여 간행하였다.「京師」·「南京」·「十三布政使司」로 구분하여 서술하였고 권말에는「外夷」2권이 덧붙여져 있다.「全國總圖」와「各布政使司分圖」는 그림으로 그려서 실었다.

제 13 장
요동 낙랑
遼東 樂浪

> 자료 역문

『後漢書』권1 하 「光武帝紀」 제1 하

……처음에 樂浪사람 王調가 郡에 의거하여 복종하지 않았다. 樂浪郡은 옛 朝鮮國이다. 遼東에 있다. 가을에 樂浪太守 王遵을 파견하여 공격하니 郡의 아전이 王調를 죽이고 항복했다. 前將軍 李通을 파견하여 두 將軍을 인솔하고 公孫述의 장수화 西城에서 싸워 격파하였다. 西城縣은 漢中에 속한다. 지금의 金州縣이다.

> 자료 원문

史部/正史類/後漢書/卷一下/光武帝紀第一下

初樂浪人王調 據郡不服　樂浪郡 故朝鮮國也 在遼東　秋遣樂浪太守王遵擊之 郡吏殺調降 遣前將軍李通 率二將軍 與公孫述將 戰於西城破之　西城縣 屬漢中 今金州縣也

자료 해설

　이 기록은 漢『光武帝紀』下 6년 條에 실려 있다. 光武帝 劉秀(서기전 6~서기 57)는 東漢 王朝의 建立者로서 서기 25년~57년까지 재위했다.
　光武帝 劉秀가 재위하던 기간은 漢武帝가 옛 朝鮮國에 설치한 樂浪郡이 그대로 존속되던 시기이다.
그런데 이 樂浪郡이 대동강 유역이 아니라 "遼東에 있다"라고『後漢書』의 주석은 설명하고 있다.
　더구나 秦·漢시대의 기록에 나타나는 遼東은 오늘의 遼河 동쪽의 遼東을 가리키는 것이 아님을 상기한다면 이때의 樂浪은 오늘의 遼河 서쪽, 하북성 동쪽에 위치해 있었던 樂浪을 의미한다고 하겠다.

자료 출전

『後漢書』

南朝 劉宋 시기의 역사가 范曄(398~445)이 東漢시대의 역사를 기록한 紀傳體 역사서로 24史의 하나이다.

『後漢書』는 『史記』・『漢書』를 뒤이어 개인에 의해 편찬된 또 하나의 중요한 고대 史書이다. 통상 『史記』・『漢書』・『三國志』와 함께 '前四史'로 일컬어진다.

『後漢書』의 내용을 살펴보면 위로 東漢의 光武帝 建武 원년(25)으로부터 아래로 漢獻帝 建安 25년(220)에 이르기까지 모두 196년 동안의 역사를 다루고 있다. 『後漢書』는 「紀」 10권, 「列傳」 80권은 范曄의 저작이고 「志」 30권은 晉나라 때 司馬彪가 지은 것이다.

范曄은 南朝宋 順陽(지금 河南 淅川 동쪽) 사람으로 字는 蔚宗이다. 벼슬은 左衛將軍・太子詹事에 이르렀다. 范曄은 宋文帝 元嘉 9년(432)에 宣城太守(지금 安徽 宣州市)로 좌천되었는데 무료한

나날을 보내던 范曄은 이때 『後漢書』 편찬 작업에 착수했다. 그리하여 元嘉 22년(445)에 謀反罪로 걸려 피살되기까지 「紀」 10권, 「列傳」 80권을 완성하였다.

范曄은 「本紀」와 「列傳」을 완성한 다음 동시에 또 「10志」의 완성을 목표로 謝儼과 공동으로 「禮樂志」·「輿服志」·「五行志」·「天文志」·「州郡志」 등 『五志』를 편찬하던 중이었다. 그런데 이때 帝位를 찬탈하려는 彭城王 劉義康의 음모에 참여했다고 고발당하여 下獄되었고 그로 인해 결국 처형되고 말았다. 『五志』의 편찬 작업에 공동 참여했던 謝儼은 자신도 역모 죄에 걸려들 것을 우려한 나머지 편찬 중이던 원고를 모두 폐기처분해 버렸다.

이로 인해서 范曄의 『後漢書』는 초기에 「志」가 없는 상태로 「紀」와 「傳」 부분만이 전해지게 되었다. 그러다가 南朝시대 梁나라의 劉昭가 司馬彪가 지은 『續漢書』 가운데서 『8志』 30권 부분을 추출하여 范曄의 「紀」·「傳」 부분과 合刊함으로써 오늘날의 『後漢書』가 되기에 이른 것이다.

范曄이 『後漢書』를 저술하기 이전에 東漢의 역사와 관련된 중요 저작들이 10종도 넘게 있었다. 그 주요한 것으로는 東漢의 劉珍 등이 황제의 명을 받들어 편찬한 『東觀漢記』, 三國시대 吳나라 사람 謝承이 편찬한 『後漢書』, 晉 司馬彪의 『續漢書』, 華嶠의 『後漢書』, 謝沈의 『後漢書』, 袁山松의 『後漢書』, 그리고 薛瑩의 『後漢記』, 張瑩의

『後漢南記』, 張璠의『後漢記』, 袁宏의『後漢記』등이 그것이다.

　范曄의『後漢書』는 官撰史書인『東觀漢記』를 기본사료로 삼고 華嶠의『後漢書』를 주요 대본으로 삼은 다음 기타 여러 책의 장점을 취합하고 단점을 보완하여 완성하였다. 그래서 唐나라 때 이르러서는 范曄의 저술인『後漢書』가 관찬사서인『東觀漢記』를 대체하여『史記』·『漢書』와 함께 '三史'로 일컬어지면서 세상에 널리 유행하였다. 그리고 다른 여러『後漢書』들은 袁宏의『後漢記』를 제외하고는 모두 사라지게 되었다.

　唐나라 때 章懷太子가 注釋을 냈고 清나라의 王先謙이『集解』를 지었다. 王先謙의『集解』는 여러 사람의 학설을 채록하고 자신의 案說을 덧붙이는 방식으로 편찬했는데 해설이 자못 상세하다.

제 14 장
요동 낙랑
遼東 樂浪

자료 역문

『後漢書』권82「崔駰列傳」

……竇憲[1]이 車騎將軍[2]이 됨에 이르러서 崔駰[3]을 불러

---

1) 竇憲: 竇憲(?~92)은 東漢시대의 權臣으로 扶風 平陵(지금 陝西 咸陽 서북쪽) 사람이다. 祖父 竇穆과 아버지 竇勛은 모두 죄를 지어 처형되었다. 竇憲은 어려서 고아가 되어 불우한 시절을 보냈으나, 그 여동생이 章帝의 皇后가 되면서 그는 출세가도를 달리기 시작했다. 章帝 建初 3년(78)에 章德竇皇后가 황후로 책봉되었는데, 竇憲은 章帝 建初 2년(77)에 外戚으로써 郞官이 되고 侍中으로 옮겼다가 얼마 뒤에 또 虎賁中郞將으로 승진되었다. 和帝가 즉위하여 竇太后가 臨朝하자 竇憲이 안에서는 機密을 장악하고 대외적으로는 詔命을 선포했다. 그 아우 竇篤·竇景도 모두 요직을 차지하였다. 竇憲은 나중에 大將軍에 임명되어 지위가 三公보다도 위에 있게 되었다. 北匈奴를 공격하여 이들을 파괴시키는 데 큰 공을 세웠으나, 和帝가 그 공이 높아 군주를 덮을 것을 두려워한 나머지 그가 조정으로 돌아오자 군대를 동원하여 大將軍印綬를 강제로 몰수했고 冠軍侯로 바꾸어 봉한 다음 그에게 封邑으로 가도록 명령했다. 그가 봉읍에 도달하기를 기다려 윽박질러 자살하도록 하였다.

2) 車騎將軍: 漢나라 軍制에서 大將軍·驃騎將軍 다음 등급이다. 金印紫綬로 당시 지위가 上卿에 상당하였다. 또는 三公에 비유되기도 했다. 京師의 방위와

궁중의 호위를 전담했는데 제2품직으로 바로 戰車부대의 총수였다. 『后漢書』 「孝和帝紀」에 "冬十月乙亥 以侍中竇憲 爲車騎將軍 北伐匈奴"라고 나오고 『後漢書』「百官一」〈將軍〉에 "章帝卽位 西羌反 故以舅馬防行 車騎將軍征之 還后罷 和帝卽位 以舅竇憲車騎將軍 征匈奴 位在公下 還復有功 遷大將軍 位 在公上"이라고 나온다.

3) 崔駰: 崔駰의 字는 亭伯으로 涿郡 安平 사람이다. 뛰어난 재주가 있어 13세에 『詩』·『易』·『春秋』에 능통하였고 古今의 訓詁에 대해 百家의 학설을 모두 통달하였으며 문장을 잘 지었다. 소년시절에 太學에서 공부했는데 班固·傅 毅와 동시에 이름을 날렸다. 그러나 항상 典籍으로써 벗을 삼고 벼슬길에 나 가는 것을 서두르지 않았다.

東漢시기 章帝(58~88)가 四方의 山岳을 巡狩했는데 崔駰이 「四巡頌」을 지 어 올려 漢나라의 덕을 칭송했다. 문장이 몹시 아름다웠으므로 평소 문장을 좋 아하던 章帝가 崔駰의 「四巡頌」을 본 이후로 항상 감탄했고, 侍中 竇憲을 보고 말하기를 "卿은 崔駰을 어떻게 생각하는가"라고 하자, 대답하기를 "班固가 자 주 臣에게 이야기하였는데 아직 만나보지는 못했습니다"라고 하였다. 章帝가 말하기를 "公이 班固를 사랑하고 崔駰을 소홀히 하니 이것은 진정으로 선비를 좋아하는 것이 아니다. 시험 삼아 한번 만나보라"고 하였다. 이것이 계기가 되 어 崔駰이 竇憲과 만나게 되었는데, 竇憲이 버선발로 뛰어나와 맞이하며 웃으 면서 말했다. "亭伯은 내가 황제의 詔書를 받아 公과 교제하니 公이 어찌 나를 박대할 수 있겠는가." 드디어 읍하고 들어가 上客으로 삼았다.

그 얼마 뒤에 황제가 竇憲의 집에 행차하였는데 그때 마침 崔駰이 竇憲의 처 소에 있었다. 황제가 그 말을 듣고 불러보려고 하자 竇憲이 "白衣와 만나는 것 은 합당하지 않다"라고 하면서 만류했다. 황제가 깨닫고 말하기를, "내가 崔駰 으로 하여금 朝夕으로 곁에 있게 할 수가 있는데 하필 여기서 만날 필요가 있 겠는가"라고 하였다. 불행히도 얼마 뒤 章帝가 崩御하고 竇太后가 臨朝했는데 竇憲이 가까운 親戚으로 詔命을 出納했다. 崔駰이 여기에 대해 경계하는 상소 를 올렸다. 그 뒤 竇憲이 車騎將軍이 되었을 때 또 바른 말을 하다가 결국 竇 憲의 눈 밖에 나서 크게 영달하지 못하고 세상을 마쳤다. 저서로는 「七依」· 「酒警」 등 모두 21편을 남겼다. 그에 관한 자세한 사적은 『後漢書』 권82 「崔 駰列傳」에 실려 있다.

掾⁴⁾으로 삼았다. 憲의 官府가 貴重하여 掾屬 30인이 다 옛 刺史⁵⁾·二千石⁶⁾이었다. 오직 崔駰이 나이 젊은 處士로써 발탁되어 그 중간에 끼여 있었다.

憲이 권력을 남용하고 교만 방자하니 崔駰이 자꾸 諫言을 올렸다. 匈奴를 出擊함에 이르러 道路에서 더욱 不法을 저지르는 일이 많아지자 崔駰이 主簿가 되어 전후에 걸쳐 사건을 기록해 上奏하기를 수십 차례 하여 장단점을 정확히 지적했다. 憲이 용납하지 못하고 조금 소원하게 대했다.

---

4) 掾: 官名으로 옛날 胥史 등과 같은 하급관리에 대한 통칭이다. 漢의 官制에 屬官으로 掾과 屬이 있었는데 正을 掾, 副를 屬이라 하였다. 『說文』의 "掾 緣也" 「段注」에 그에 대한 설명이 다음과 같이 나온다. "漢官有掾屬 正曰掾 副曰屬 漢舊注 東西曹掾 比四百石 餘掾比三百石 屬比二百石." 漢나라 시대에는 三公으로부터 郡縣에 이르기까지 모두 掾屬이 있었다. 인원은 해당 관료에 의해 임의로 선발되고 조정에서 임면에 관여하지 않았다. 魏 晉 이후에는 吏部에서 임면을 주관하는 방식으로 제도가 바뀌었다.

5) 刺史: 고대의 官名으로 漢武帝 元封 5년(서기전106)에 최초로 설치되었다. 刺는 불법을 감찰한다는 뜻이고 史는 使를 의미한다. 秦나라 시기에는 매 郡마다 御史를 설치하여 監察의 직무를 담당하도록 했으며 이를 監察御史라 불렀다. 漢나라에서는 초기에 이를 폐지했다가 곧바로 다시 설치했다. 文帝는 御史가 직무를 제대로 실행하지 못하는 경우가 많다고 하여 丞相에게 명하여 따로 인원을 각 지역으로 보내어 감찰업무를 담당하도록 했는데 이를 상설기구로 두지는 않았다. 漢武帝 元封 초년에는 여러 郡의 監

이윽고 崔駰이 높은 등급으로 급제한 출신이라는 사실을 인식하고 長岑[7]의 縣令으로 내보냈다. 長岑縣은 樂浪郡에 속하는데 그 땅은 遼東에 있다. 崔駰이 스스로 멀리 떠나가 뜻을 얻지

察御史 제도를 폐지시켰다. 그리고 이어서 전국을 13部로 나누어 각 部마다 刺史 1인씩을 배치시켰는데 뒤에 이를 통틀어 刺史라 호칭했다. 刺史는 순행하면서 '6가지 조항'을 가지고 감찰을 행하였다. 그러나 『漢官典職儀』의 기록에 따르면 '6가지 조항' 아래에 또 "治狀을 省察하고 能否를 黜陟하며 冤獄을 斷治한다"라고 개괄적으로 설명되어 있다. 이는 사실상 지방 정부의 하는 일에 대해 모든 면을 감찰의 대상으로 삼았음을 의미하는 것이다. 刺史는 직급으로 말하면 600石이었으나 그가 감찰하는 대상은 二千石의 太守였다. 武帝의 생각에는 결단성 있고 진취적인 선비들은 맡은 일을 처리하는 데 용감하다고 여겼기 때문에 저급관리로 하여금 고급관리를 감찰하도록 하였던 것이다. 이들 刺史들은 모두 중앙의 御史中丞에 예속되었다. 成帝 綏和 元年(서기전 8)에 部刺史 제도를 폐지하고 州牧을 설치했는데 직급은 또한 二千石이었다. 哀帝때 한차례 刺史제도로 복귀했다가 얼마 후에 다시 州牧 체제로 바뀌었다. 『漢書』「百官公卿表」에 漢武帝 때의 刺史제도에 관하여 다음과 같은 기록이 나온다. "武帝元封五年 始置部刺史 掌奉詔 條察州 員十三人."

6) 二千石: 郡守나 또는 太守를 가리킨다. 漢나라시대의 官制는 郡守가 매월 봉급으로 二千石을 받도록 규정했기 때문에 二千石이 郡守의 통칭이 되었다. 『漢書』「百官公卿表」 顏師古의 〈註〉에 "二千石者 百二十斛"이라 기록되어 있다.

7) 長岑: 縣의 명칭으로 漢나라 때 설치했다. 樂浪郡에 소속된 25개 縣 중의 하나였다. 『漢書』「地理志下」에 "樂浪郡 縣二十五 長岑"이라고 나온다. 樂浪郡이 일제 식민사학의 주장처럼 대동강 유역에 있었다면 그 縣 중의 하나인

못한다는 것을 이유로 해서 드디어 벼슬에 나아가지 않고 돌아갔다. 永元 4년(92)에 집에서 서거했다.

長岑縣도 당연히 대동강 부근에 있어야 한다. 그런데 여기서는 "長岑縣이 樂浪郡에 소속되었는데 그 지역이 遼東에 있었다"라고 하였다. 樂浪郡의 縣 중에 하나인 長岑縣이 遼東에 있었다면 樂浪郡은 대동강 유역에 있었던 것이 아니라 遼東에 있었다는 사실을 간접적으로 증명하는 셈이 된다. 더구나 여기서 遼東은 漢나라 때의 遼東이고 漢나라 때 遼東은 『魏書』「北平郡」條에 따르면 오늘의 遼東이 아니라 하북성 동쪽에 있었다. 『中文大辞典』에서는 漢나라 때 설치한 長岑縣이 지금의 遼寧省 瀋陽縣 동쪽에 있었다고 말하고 있다. 그 증거로서는 『讀史方輿紀要』 「山東遼東都指揮使司 瀋陽中衛」의 다음 기록이 제시되어 있다. "崇信城 在衛東 遼志 漢長岑縣地 屬樂浪郡 渤海置崇州 領崇山溫水緣城三縣 遼仍置崇州 亦曰隆安軍 幷崇山三縣 置崇信縣爲州治"

> 자료 원문

史部/正史類/後漢書/卷八十二/崔駰列傳

……及憲為車騎將軍 辟駰為掾 憲府貴重 掾屬三十人 皆故刺史二千石 唯駰以處士年少 擢在其間 憲擅權驕恣 駰數諫之 及出擊匈奴 道路愈多不法 駰為主簿 前後奏記數十 指切長短 憲不能容 稍疏之 因察駰高第 出為長岑長 長岑縣屬樂浪郡 其地在遼東 駰自以遠去不得意 遂不之官而歸 永元四年 卒於家

자료 해설

 이 자료는 東漢시대 主簿로 있던 崔駰이 당시 權臣인 竇憲의 미움을 사서 長岑縣令으로 발령이 나자 취임하지 않고 집으로 돌아갔다는 내용을 담고 있는데, "長岑縣은 樂浪郡에 속하며 그 지역은 遼東에 있다"라는 설명이 注記되어 있다. 이 자료는 樂浪郡이 대동강 유역에 있지 않았다는 사실을 증명하는 간접자료가 된다고 하겠다. 여기서 말하는 遼東은 요하의 동쪽에 있던 遼東郡이 아니라 遼水의 동쪽을 가리킨 것이다. 왜냐하면 "長岑縣은 樂浪郡에 속하며 그 지역은 遼東에 있다"라고 말했는데, 이 遼東을 遼東郡으로 볼 경우 長岑縣이 '樂浪郡'이 아닌 '遼東郡'에 속한 것처럼 여겨지기 때문이다.
 그러면 후한시대에 낙랑군 장잠현이 있던 요동은 어디를 가리키는 것인가. 『산해경』에는 요수를 설명하면서 "동남쪽으로 흘러 발해로 진입한다"라고 말한 내용이 나온다. 이는 상고시대에 현재 요녕성을 가로 질러 서남쪽으로 흘러 발해로 진입하는 요하와는 다른 동남쪽으로 흘러 발해로 주입되는 요수가 있었다는 것을 의미한다. 동북방에서 동남쪽으로 흘러 발해로 유입되는 강물은 어떤 것들이 있는가? 하북성 동쪽의 난하와 조하가 동남쪽으로 흘러 발해로 유입되는 물이다. 따라서 『後漢書』「崔駰列傳」에서 말하는 "長岑縣은

樂浪郡에 속하며 그 지역은 遼東에 있다"에서의 遼東은 하북성의 난하나 조하 특히 옛 조선하였던 조하의 동쪽을 가리킨다고 보아 큰 무리가 없을 것이다.

제 15 장
청주 낙랑
靑州 樂浪

> 자료 역문

『通典』 권180 「州郡」 〈古青州〉

「禹貢」에 말하기를 "발해와 泰山의 사이가 靑州[1]이다."
孔安國[2]은 말하기를 "東北쪽으로는 바다를 의거하고 서남쪽으로는 泰山에

---

1) 靑州:「禹貢」九州의 하나. 서기전 21세기에 夏禹가 治山 治水를 완료한 후에 山川과 河流의 방향에 따라 전국을 靑州·徐州·揚州·荊州·豫州·冀州·兗州·雍州·梁州 아홉 개 구역으로 나누었다고 하는데 靑州는 그 중의 하나였다. 대체로 오늘의 산동성 동부지역을 가리킨다고 여겨지는데 이 지역은 상고시대로부터 夏·商에 이르기까지 줄곧 東夷의 땅이었으며 周初에 姜太公 呂尙을 齊候로 봉하면서 비로소 齊나라에 귀속되게 되었다. 漢武帝 元封 5년(서기전 106)에는 여기에 靑州刺史部를 설치하였다. 현재는 산동성 潍坊市에 예속된 縣級市 靑州市가 있어 옛 九州의 하나였던 靑州의 명맥을 이어가고 있다. 九州에 관한 기록은 先秦시대 문헌 가운데『尚書』「禹貢」·『周禮』「職方氏」·『呂氏春秋』「有始覽」·『爾雅』「釋地」 등에 모두 나타난다. 따라서 그 시기에 九州가 실재했던 것만은 사실이다. 그러나 秦代 이전의 九州는 일종의 地理區域의 개념이었으며 후대의 行政機構와 같은 개념은 아니었다고 할 수 있다.

2) 孔安國: 孔子의 11대손으로 대략 서기전 156년~서기전 74년까지 생존했던

이른다"라고 하였다. 이것은 靑州의 경계가 東쪽으로 바다를 뛰어넘은 것이다. 그 경계는 대체적으로 泰山으로부터 東쪽으로 密州를 지나고 東北쪽으로는 海曲·萊州를 경유하여 바다를 뛰어넘어 遼東·樂浪·三韓의 땅을 분할하고 서쪽으로는 遼水에 이른다.

嵎夷[3] 지역의 물길이 잘 다스려진(略) 이후에 濰水와 淄水의 물길도 잘 소통되었다. 嵎夷는 地名이니 곧 暘谷이 있는 곳이다. 略은 공력을 들임이 적은 것을 말한 것이다. 濰와 淄는 두 물의 명칭이니 다 옛 물길을 회복한 것이다. 濰水는 지금의 高密郡 莒縣 濰山에서 발원한다. 淄水는 지금의 淄川縣이다.

인물이다. 漢景帝 元年으로부터 昭帝 末年까지가 이 시기에 해당한다. 申公에게 『詩』를 배웠고 伏生에게 『尙書』를 전수받았다. 武帝 때 諫大夫와 臨淮太守를 역임했다. 武帝末에 魯恭王이 孔子의 故宅을 넓히기 위해 헐었는데 壁中에서 『古文尙書』·『禮記』·『論語』·『孝經』 등이 나왔다. 그런데 다 蝌蚪文字로 쓰여 있어서 그 당시 사람 중에 이를 판독하는 사람이 없었다. 孔安國이 연구한 끝에 漢나라 당시에 사용하던 今文으로 이를 해독했고 또 황제의 명을 받들어 『書傳』을 지었다. 이를 『古文尙書』라 하며 모두 58권으로 되어 있다. 또 『古文孝經傳』·『論語訓解』 등을 저술했다.

3) 嵎夷: 嵎夷에 대한 기록은 『尙書』「堯典」에 최초로 다음과 같이 나온다. "宅嵎夷曰暘谷", 이에 대한 孔安國의 「傳」에 "東表之地 稱嵎夷"라고 설명하였다. 뒤이어 『尙書』「禹貢」에는 "嵎夷旣略"이라는 말이 보인다. 그런데 『後漢書』 「東夷傳」에는 "夷有九種 曰畎夷 于夷 方夷 黃夷 白夷 赤夷 玄夷 風夷 陽夷"라고 하여 夷가 九種이 있음을 설명했고 〈東夷傳贊〉에서는 "宅是嵎夷 曰乃暘谷 巢山潛海 厥區九族"이라 하여 嵎夷를 九夷로 해석하고 있다. 淸나라 때 학자 胡渭는 『後漢書』와 杜佑의 『通典』을 예로 들면서 朝鮮이 嵎夷라고

그곳의 土地는 白色의 沃土이고 海邊의 광활한 지역은 모두가 鹽地이다(海瀕廣潟). 瀕은 물가이다. 潟은 鹵鹹의 땅이다. 瀕의 音은 頻이고 또 다른 音은 賓이다. 潟의 音은 昔이다. "萊夷[4]는 放牧을 한다"라고 하였다. 萊山의 夷는 땅이 畜牧에 적합하다. 지금의 東萊郡이다.

다음과 같이 주장하였다. "朝鮮更在成山之東 寅賓出日 尤爲得宜 范史以東夷九種爲嵎夷 必有根據 杜氏通典 亦用其說 今從之." 그러나 역사적으로 嵎夷에 대한 설명을 살펴보면 이론이 많다. 元의 于欽은 『齊乘』에서 山東 寧海州가 嵎夷라고 주장하였고 淸의 薛季宣은 『書古文訓』에서 山東의 登州가 嵎夷라고 주장하였다. 『廣韻』에는 "峖嵎峖山名 書作嵎夷 傳云 東表之地"라고 하여 嵎夷를 山名이라고 말했고 『說文』에는 "崵首崵山也 在遼西 一曰嵎峖崵谷"이라고 하여 嵎夷가 遼西에 있는 首崵山이라고 주장하였다.

이상에서 嵎夷에 대한 설명을 살펴보면 孔安國은 "東表之地"라고 말하고 『後漢書』에서는 九夷라고 말하고 于欽은 寧海州라고 말하고 薛季宣은 登州라고 말하고 胡渭는 朝鮮이라고 말하고 『說文』에서는 遼西라고 말했다는 사실을 알 수 있다. 여기서 여러가지 설을 종합해 보면 嵎夷는 고대에 山東半島·遼東半島·韓半島 지역을 무대로 생활했던 東夷임을 알 수 있다. 특히 嵎夷는 동방에서 문헌상에 최초로 등장하는 東夷인데 그 嵎夷가 『後漢書』를 비롯한 여러 史書에서 九夷 또는 朝鮮으로 비정되었다는 점에서 한국사 연구에서 크게 주목할 가치가 있다.

4) 萊夷: 夏·殷·周시대에 지금의 山東半島 동북부에 있던 東夷族이다. 魯襄公 6년에 齊에 의해서 멸망하였다. 『梁職貢圖』에서는 百濟를 "萊夷馬韓之屬"이라 기록하여 百濟와 萊夷의 관련성을 언급하고 있다. 百濟의 種屬을 밝히는 데 있어 萊夷는 중요한 연구대상이 된다.

舜이 靑州를 분할하여 營州[5]를 만들고 다 牧을 배치하였
다. 鄭玄[6]은 말하기를, "舜이 靑州로써 바다를 뛰어넘어 營州를 분할 배치하였
다"라고 하였다. 그 遼東의 땅, 安東府는 마땅히 「禹貢」 靑州의 지역이다. 周나라
에서는 徐州로써 靑州에 합쳐서 그 땅이 더욱 커졌다. 周나라의 靑州는 徐州 ·
兗州 2州의 분야를 겸하여 소유했다.

---

5) 營州: 『尙書』 「禹貢」에는 大禹가 天下를 冀州 · 豫州 · 雍州 · 揚州 · 兗州 ·
徐州 · 梁州 · 靑州 · 荊州 九州로 분할했다고 말했다. 그런데 『爾雅』 「釋
地」에 말한 九州는 冀州 · 豫州 · 雍州 · 揚州 · 兗州 · 徐州 · 幽州 · 營州 · 荊
州로서 「禹貢」의 九州와 비교해 볼 때 幽州 · 營州가 추가되어 있고 靑州 · 梁
州가 빠져 있다. 『周禮』 「職方氏」에 나와 있는 九州는 冀州 · 豫州 · 雍州 ·
揚州 · 兗州 · 幽州 · 幷州 · 靑州 · 荊州로서 「禹貢」의 九州와 비교하면 상
대적으로 幽州와 幷州가 증가되어 있고 徐州와 梁州는 없다. 그리고 『尙
書』 「堯典篇」에는 虞舜이 大禹가 분할한 九州를 바탕으로 다시 幽州 · 幷
州 · 營州 3州를 분할하여 모두 12州를 만들었다고 기록되어 있다. 이때
舜이 九州에서 추가로 분할한 營州 · 幽州 · 幷州가 과연 오늘날의 어느 지
역을 가리키는 것이냐를 놓고 역사상에서 논란이 많다.

6) 鄭玄: 東漢시대 高密 사람으로 字는 康成이다. 東漢 順帝 永建 2년(127)에
태어나서 東漢 獻帝 建安 5년(200)에 卒하였으며 享年은 74세이다. 馬融에
게 10여 년 동안 師事했다. 鄭玄은 東漢 末年의 經學大師로서 儒家經典의
해석에 필생 정력을 받쳤다. 『易』 · 『詩』 · 『書』 · 『禮』 · 『儀禮』 · 『論語』 ·
『孝經』 · 『尙書大傳』 등이 모두 그의 손에서 주석이 이루어졌다. 그의 경전
주석은 『十三經注疏』에 편입되어 가위 중국 經學의 기초가 되었다고 해도
과언이 아니다. 그의 생애에 관하여는 『後漢書』 65권, 「高士傳下」에 상세
히 기재되어 있다.

『周禮』「職方氏」[7]에는 말하기를, "正東을 靑州라 한다. 그 곳의 鎭山은 沂山[8]이고 大澤은 孟豬[9]이며 沂山은 지금의 琅琊郡 沂水縣에 있다. 바로 沂水의 발원지이다. 孟豬는 澤의 명칭이다. 지금 睢陽郡 宋城縣에 있는 바로 盟豬이다. 「禹貢」에서는 荊山과 黃河의 사이에 있는 豫州에 속해 있다. 『職方』과 山·澤의 위치가 동일하지 않다. 河流는 淮水[10]· 泗水[11]이고 灌漑할 수 있는 냇물은 沂水[12]· 沭水[13]이다. 沭水는 東海郡 沭陽縣에서 발원한다. 沭의 音은 述이다.

---

7) 職方氏: 『周禮』에 「夏官」〈職方氏〉가 있다. 원래는 官名이다. 天下의 地圖를 관장하고 四方의 職貢을 주관했다. 『周禮』에 職方氏의 역할과 기능에 대해 다음과 같이 설명하고 있다. "職方氏掌天下之圖 以掌天下之地 辨其邦國都鄙 四夷八蠻 七閩九貊 五戎六狄之人民 與其財用 九穀六畜之數要 周知其利害." 여기서는 〈職方氏〉에 기록된 내용을 가리킨다.

8) 沂山: 山東省 沂水縣 북쪽 臨朐縣 남쪽에 있다. 일명 東泰山이라고도 한다. 山東省 중부지역에 위치해 있다.

9) 孟豬: 옛 큰 못의 명칭으로 바로 望諸를 말한다. 지금의 하남성 商丘 동북쪽 虞城 서북쪽에 있다. 金·元 이후 누차에 걸쳐 黃河의 물길이 덮쳐서 土沙가 흘러드는 바람에 메꿔지고 말았다.

10) 淮水: 옛 四瀆의 하나, 淮河라고도 한다. 하남성의 桐柏山에서 발원하여 汝水·穎水·肥水·渦水 등 여러 물을 받아들인 다음 安徽·江蘇 두 省의 북부를 경유해서 동쪽으로 바다로 들어갔다. 宋나라 이후에 바다로 들어가는 물길이 바뀌었다.

11) 泗水: 산동성 중부에 있다. 산동 泗水縣 東蒙山麓에서 발원한다. 네 강의 물줄기가 모두 여기서 발원하기 때문에 泗水라고 호칭한다.

그곳의 특산물은 蒲柳와 海魚이고 백성들의 男女 비율은 二男 二女 이다. 그곳의 가축은 닭과 개가 적합하고 곡식은 벼와 보리가 적합하다"라고 하였다. 대개 그 지역이 少陽에 위치하여 그 色이 靑色이 된다. 그러므로 靑州라고 하였다.

天象에 있어서는 虛星과 危星[14]은 곧 齊의 分野이다. 漢의 淄川·東萊·瑯琊·高密·膠東·濟南이 다 그 分野이다.

秦이 天下를 평정한 다음 郡을 설치했는데 이곳은 齊郡, 지금의 北海·濟南·淄川·東萊·東牟 등 郡의 지역이 이곳이다. 瑯琊[15]의 東쪽 지역, 지금의 高密郡[16]땅이다. 遼東 지금 安東府이다. 이 되었다.

---

12) 沂水: 산동성 沂水縣에서 발원하여 江蘇省 邳縣을 경유해서 泗水로 들어간다. 大沂河라고도 한다.

13) 沭水: 術水라고도 한다. 산동성 沂水縣 북쪽의 沂山에서 발원하여 남쪽으로 흘러 江蘇省으로 들어가 東海縣을 경유하여 바다로 들어간다.

14) 虛星과 危星: 28宿 중의 北方 7宿 즉 斗·牛·女·虛·危·室·壁 중의 虛·危星을 가리킨다.

15) 瑯琊: 현재의 瑯琊는 山東省 胶南市 瑯琊镇에 위치해 있다. 秦始皇이 六國을 统一한 이후 地方을 36郡으로 나누어 郡縣制를 시행할 때 瑯琊郡은 山東省 東部 沿海地區에 위치했으며 瑯琊·不其·即墨·黔陬 등 縣을 관할했고 郡의 治所는 지금의 胶南市 瑯琊镇에 있었다.

16) 高密郡: 현재의 高密市는 山東省 東部의 胶莱河와 潍河의 사이에 위치하고

秦나라가 혼란에 처하자 項羽가 천하를 분할하여 그 땅으로써 나라를 삼으니 膠東 田市로써 王을 삼고 即墨을 治所로 하였다. 지금의 東萊 郡縣이다. 齊 田都로써 王을 삼고 臨淄를 治所로 하였다. 지금 北海 郡縣 지역이다. 濟北이다. 田安으로써 王을 삼고 博陽을 治所로 하였다. 이를 일러 三齊라고 하였다.

漢武帝가 13州를 설치하니 이곳은 역시 青州가 되었다. 郡과 國 6개를 거느렸다. 後漢시대에는 그대로 따랐고 郡과 國 5개를 거느리고 臨淄를 治所로 하니 지금의 北海 郡縣이 이곳이다. 魏晉시대에도 역시 그대로 따랐다. 郡과 國 6개를 거느렸다. 晉나라에서는 또 平州[17]를 설치했다. 郡과 國 5개를 거느렸고 昌黎[18]를 治所로 하였으니 지금의 安東府이다.

있다. 『水經注』의 應劭의 말에 의거하면 "縣에 密水가 있어서 高密이란 명칭이 생겼다"라고 하였다. 秦나라시기 郡縣制를 시행할 때 高密縣을 설치하여 齊郡에 소속시켰고 뒤에는 다시 胶東郡에 소속되었다. 南北朝와 隋시기에 高密郡에 소속되었고 唐代에는 河南道 密州에 소속되었다.

17) 平州: 晉나라 때 설치한 州의 명칭. 『讀史方輿紀要』「歷代州域形勢」〈晉〉條에 다음과 같이 기록되어 있다. "平州治昌黎 今直隸大寧廢衛 故柳城東南有昌黎廢縣 統郡五" 晉나라시기에 平州를 설치했는데 昌黎를 治所로 하였으며 그때의 昌黎는 옛 柳城의 東南쪽에 있었다는 사실을 알 수 있다. 그 후 前燕·後燕·前秦·後魏·隋나라 시기에도 平州를 설치했다. 다만 그 治所는 각각 서로 달랐다. 그런데 저자는 여기서 晉나라시기의 平州 昌黎를 "지금의 安東府이다"라고 注記한 것은 주목할 만하다. 저자는 이 문장의 앞에서 秦나라 때의 遼東을 '지금의 安東府'라고 注記하고 말미에서는 河北道를

'지금의 安東府이다'라고 주기하였다. 저자는 秦의 遼東, 晉의 平州 治所, 唐의 河北道 安東府를 동일한 지역으로 보고 있다. 그리고 저자는『通典』171권「州郡」〈제1序目上〉에서 "分遼東爲平州 治昌黎 今安東府" 즉 "遼東을 분할하여 平州를 만들었고 昌黎 즉 지금의 安東府를 治所로 하였다"라고 기술하였다. 晉나라 때 遼東을 분할하여 平州를 설치했다는 이 遼東은 오늘의 遼河 이동의 遼東을 가리키는 것이 아님이 명백하다.

18) 昌黎: 昌黎라는 명칭은 역사상에서 郡名 또는 縣名으로 사용되었다. 먼저 郡名으로 사용된 경우를 살펴보면 三國의 魏晉시대에 지금의 요녕성 凌源縣 지역에 설치되었다.『讀史方輿紀要』「直隷萬全都指揮司」〈大寧衛〉에 다음과 같이 기록하고 있다. "昌黎城 漢置交黎縣 屬遼西郡 東部都尉治焉 後漢曰 昌黎縣 安帝屬遼東屬國都尉治此 魏正始五年 鮮卑內附 置昌黎郡 晉因之 又爲平州治." 다음은 隋나라 시기에 오늘의 河北省 易縣에 昌黎郡이 설치되었다. 이에 관한 기록은『讀史方輿紀要』「直隷保定府」"易州 隋初曰昌黎郡"이라 말한 데서 확인되고 있다.

그리고 昌黎가 縣名으로 사용된 경우를 보면 後漢때 昌黎縣을 설치했고 이때의 昌黎縣은 지금의 요녕성 凌源縣 지역에 있었다. 이에 관한 기록은『漢書』「地理志」에 "遼西郡 交黎"라고 말한 〈注〉와 〈補注〉에서 상세히 나타나고 있다. 〈注〉 "應劭曰 今昌黎" 〈補注〉 "昌遼即昌黎 遼黎雙聲 變轉 後漢書安帝紀 作夫黎 鮮卑傳 作扶黎 夫扶一字 明交乃夫之誤 交黎改夫黎 又改昌黎 遼黎一字 故續志云 昌遼故夫黎."『水經注』「白浪水」條에는 이런 기록도 나온다. "又東北逕昌黎縣故城西 地理志云 交黎也 應劭曰 今昌黎."『中文大辭典』에는 "唐나라 때 河北省 通縣 동쪽에 昌黎縣을 설치했다"고 기록되어 있다. 通縣은 지금 하북성에 속해 있고 북경시의 동쪽에 있다. 金나라 때 通州를 설치했던 지역이다.

그리고 金나라시기에는 하북성 盧龍縣 동남쪽에 昌黎縣을 설치했는데 明淸시기에 다 永平府에 소속되었다. 이 지역은 동남쪽으로 바다를 인접한 山海關 부근에 있는 요지이다. 이에 관하여는『讀史方輿紀要』「直隷永平府」條에 이렇게 기록하고 있다. "昌黎縣 漢置交黎縣 屬遼西部 後漢改曰昌黎 其地在今廢營州境地 五代梁末 契丹以定州俘戶 置廣寧縣於故柳城縣境 兼置營州鄰海軍 後徙縣治此 屬平州 金大定二十九年 改爲昌黎縣 元至元七年省 十二年 復置屬

晉懷帝[19] 말년에는 石勒[20]에게 함락되었다. 慕容皝[21] 과 慕容恪[22]이 冉閔[23]을 멸망시키고 靑州를 차지했다.

灤州 尋屬永平路." 여기서 金大定 29년에 지금의 山海關 부근에 설치된 昌黎縣은 명칭만 昌黎를 사용했을 뿐 실제는 옛 昌黎郡이나 昌黎縣과는 무관한 것임을 알 수 있다. 이 지역은 원래 唐나라 때 石城縣과 遼나라 廣寧縣이 있던 곳이다. 오늘날의 昌黎郡은 하북성의 동북부에 위치하고 秦皇島市에 예속되어 있는데, 이는 金나라 때 설치된 昌黎縣을 계승하고 있는 것이다.

그런데 저자는 여기서 秦나라 遼東이 당나라 당시의 安東府라고 말하고 다시 晉나라 때 平州의 治所인 昌黎가 당나라 당시의 安東府이다라고 설명하였다. 그리고 뒤에서는 당나라의 河北道에 지금의 安東府가 소속되어 있는 것으로 설명하였다. 위에서 살펴본 바에 따르면 金나라 이전에 설치한 昌黎郡이나 昌黎縣은 지금의 요녕성 凌源縣 또는 하북성 易縣 지역 특히 당나라 시기에는 하북성 通縣 부근에 설치되었다. 지금의 遼東과는 전혀 무관한 지역이다. 그리고 杜佑는 秦의 遼東, 晉의 平州 昌黎, 唐의 安東府를 동일 지역으로 설명하고 잇는데 이는 주목할 만하다.

19) 晉懷帝: 西晉의 제3대 皇帝 司馬熾(284~313)를 말한다. 306~313년까지 재위했다. 晉武帝 司馬炎의 25번째 아들이고 晉惠帝의 아우이다. 惠帝시기에 폭발한 八王之亂 중에 皇太弟로 되었다. 306년 東海王 司馬越이 惠帝를 독살하자 司馬熾가 皇位를 계승했다. 다음해 연호를 永嘉로 바꾸었다. 司馬越이 太傅輔政이 되어 政局은 전부 司馬越의 손에 의해 좌지우지 되었다. 永嘉 5년(311) 3월에 司馬越을 토벌하라는 詔書를 발포했는데 司馬越이 마침 病死하자 그 무리들이 王衍을 수령으로 추대하여 군대를 인솔했다. 4월에 王衍이 군대를 파견하여 司馬越의 靈柩를 호송하고 東海의 封國으로 돌아가는 도중에 匈奴 漢國의 將領 石勒의 2만 명 군대와 交戰하게 되었다. 이 와중에서 王衍의 군대는 전멸을 당하고 王衍은 포로로 붙잡혔다가 石勒에 의해 살해되었으며 여러 大臣들도 동시에 피해를 당하였다. 이로써 西晉의 최후의 작전 주력부대마저 상실되게 된 것이다. 6월에 匈奴 漢國의 劉曜‧

王彌가 군대를 인솔하고 京師 洛陽으로 공격해 들어와, 懷帝는 長安으로 도망하는 도중에 포로가 되었다가 나중에 독살되었고 皇太子 司馬詮은 피살되었다. 이를 역사상에서 "永嘉之禍"라고 칭한다.

20) 石勒: 16國시기 後趙의 建立者. 319~333년에 이르기까지 15년 동안 재위하였다. 石勒은 上黨 武鄕(지금 山西 楡社 북쪽) 사람으로 字는 世龍이다. 본래는 羯族이었다. 石勒은 노예로부터 황제에 이른 세계 역사상에서 유일한 인물로 꼽힌다. 그가 前趙를 배반하고 세운 後趙는 16國 가운데서 가장 강성한 나라였다. 石勒은 스스로 항상 말하기를 "대장부의 行事는 마땅히 정정당당해야 하며 曹孟德·司馬仲達처럼 孤兒 寡婦를 기만하여 천하를 취하는 일을 해서는 안 된다"라고 하였다. 연호는 太和·建平을 사용했고 시호는 明帝, 廟號는 高祖이다.

21) 慕容皝: 慕容皝(297~348)은 鮮卑族으로 16국 시대 前燕의 開國君王이다. 前燕의 始祖 慕容廆의 셋째 아들로 慕容廆가 죽자 그의 뒤를 이어 遼東公에 봉해졌다. 咸康(東晉成帝 司馬衍의 연호 335~342) 연간에 스스로 燕王이 되었다. 역사상에서 이를 前燕이라 칭한다. 즉위한 후에 서쪽으로 段遼의 세력을 꺾고 남쪽으로 石虎를 물리치고 동쪽으로 고구려를 정벌하고 扶餘를 습격하고 또 북쪽으로 宇文氏를 멸망시켜 前燕의 기반이 여기서 닦여졌다. 당시에 前燕은 고구려와 서로 이웃하고 있었다. 고구려왕 高劍시기에 고구려의 수도 丸都城에 침입하여 高劍의 아버지 乙弗利의 묘를 파서 시신을 수레에 싣고 갔으며 高劍의 어머니와 왕비 등 남녀 5만여 명을 포로로 붙잡아갔다. 궁궐에는 불을 지르고 丸都城은 허물어버렸다.

22) 慕容恪: 慕容恪(?~367)은 前燕王 慕容皝의 제4자로 16國시기 前燕의 걸출한 지도자였다. 大權을 한 손에 쥐고 있었지만 帝位를 찬탈하지 않고 周公처럼 兄의 어린 아들을 잘 보좌하여 나라를 발전시켰다. 魏主 冉閔과 魏昌縣의 廉台에서 싸워 冉閔을 포로로 붙잡았다.

23) 冉閔: 冉閔(?~352)은 魏郡 內黃(지금의 河南 內黃 西北) 사람으로 字는 永曾이다. 지모가 뛰어나고 勇力이 있어 後趙의 石虎가 데려다 길러 孫子로

苻氏[24]에 이르러 前燕을 평정시키고 다시 그 땅을 소유하였다가 苻氏가 패망한 후엔 刺史 苻朗[25]이 州로써 晉에 항복하였다. 晉은 青州로써 幽州를 삼았다. 辟闆渾으로써 刺史를 삼고 廣固를 鎭으로 하였다. 晉安帝[26] 시기에 平州는 또 慕容垂[27]에게 함락되었고 青州는 또

삼았다. 遊擊將軍으로 전쟁에 참여하여 공을 세웠다. 後趙 말기에 後趙의 임금 石鑑을 시해하고 自立하여 國號를 魏라고 하였다. 뒤에 前燕의 慕容恪에 의해 살해되었다.

24) 苻氏: 16국시기 前秦의 왕 苻堅(338~385)을 말한다. 氐族으로 前秦의 開國君主 苻洪의 孫子이다. 370년에 苻堅은 前燕을 멸망시켰다. 밖으로 전쟁에서 많은 승리를 거두고 안으로 內政에서도 또한 정치를 잘하여 16국 가운데서 가장 강성한 나라의 하나로 되었다. 얼마 후 大軍을 동원해 晉을 침략하여 謝玄 등과 肥水에서 전쟁을 벌였다가 크게 패하고 돌아왔다. 뒤에 羌族首領 姚萇에 의해 新平寺에서 목매달아 살해되었다. 27년간 재위했다.

25) 苻朗: 前秦시대 사람으로 苻堅의 從兄의 아들이다. 苻堅이 일찍이 그를 지목하여 "우리 집안의 千里駒이다"라고 말하였으며 불러서 鎭東將軍・青州刺史로 삼았다. 얼마 후에 晉에 항복하여 員外散騎侍郎에 발탁되었으나 뒤에 王國寶의 참소로 인해 살해당하였다.

26) 晉安帝: 이름은 司馬德宗(382~418)으로 晉孝武帝의 長子이다. 孝武帝가 죽은 뒤에 帝位를 계승하였으며 22년간 재위하였다. 405년 劉裕가 桓玄을 공격하여 安帝를 구제하고 그를 다시 東晉皇帝로 앉혔으나 뒤에 다시 劉裕에 의해 시해되었다.

27) 慕容垂: 慕容垂(326~396)는 16국시기 後燕의 건립자로 前燕王 慕容皝의

慕容德[28]의 차지한 바 되어 다시 靑州로 고쳤다. 慕容超는 靑州를 東萊로 옮겼다. 뒤에 劉裕[29]에게 빼앗겼고 다시 靑州를

다섯째 아들이다. 鮮卑族으로 384년에 後燕을 건립했다. 그는 前燕시기에 吳王에 봉해졌는데 桓溫을 枋頭에서 격파하여 威名이 날로 높아졌다. 그러나 太傅 慕容評의 참소를 받고 처형될 것이 두려운 나머지 符堅에게 도망쳤다가 符堅이 晉과의 싸움에서 패배하자 독립하여 스스로 燕王이라 일컬었다. 얼마 후에 皇帝를 자칭하며 中山에서 즉위하였다. 13년간 재위하였다.

28) 慕容德: 慕容德(326~405)은 前燕王 慕容皝의 아들로 16국시기 南燕의 創建者이다. 慕容皝 시기에 范陽王에 봉해졌고 征南將軍이 되었다. 369년에 東晉의 桓溫이 군대를 이끌고 前燕을 공격하자 慕容德이 兄 慕容垂와 함께 襄邑에서 晉軍을 大敗시켰다. 慕容垂가 모함을 받아 前秦王 符堅에게 투항한 이후에 慕容德도 그 일에 연좌되어 免職되었다. 前秦에 의해서 前燕이 멸망하자 그는 長安으로 강제 이주되었다. 淝水之戰 이후에 慕容垂가 後燕을 건립하고 中山에 도읍했으며 慕容寶가 왕위를 계승하고 慕容德은 鄴城을 근거지로 하여 南境을 총 관리하도록 하였다. 397년에 魏軍이 中山을 공격하여 慕容寶가 龍城으로 달아나자 後燕은 두 부분으로 양분되게 되었다. 398년에 慕容德이 민중을 이끌고 鄴城으로부터 滑台(지금의 河南 滑縣 동쪽)로 옮겨 스스로 독립하여 燕王이 되었다. 역사상에서는 이를 南燕이라 칭한다. 滑台는 北魏와 東晉의 중간지대에 위치하여 南北 양쪽으로 적의 공격을 받아 南燕이 공제할 수 있는 지역은 10城도 채 되지 않았다. 한번은 滑台가 직접 魏軍에 의해 점령당하기도 하였다. 이에 慕容德이 공격방향을 동쪽으로 돌려 靑州를 탈취하였으며 400년에 황제를 자칭하고 廣固(지금의 山東 益都 서북쪽)에 도읍을 건립하였다. 慕容德이 죽은 후에 형의 아들 慕容超가 왕위를 계승하였으며 410년 東晉의 劉裕에 의해 멸망되었다.

29) 劉裕: 南北朝시기 宋朝의 건립자, 역사상에서 宋武帝라 칭한다. 宋武帝

설치했다. 당시에 羊穆之[30]로써 刺史를 삼았고 廣固를 鎭으로 하였다. 平州는 慕容垂 이후로부터 또 馮跋[31]에게 함락

(363~422)는 彭城(지금의 江蘇 徐州) 사람으로 晉나라에 벼슬하여 下邳太守가 되었다가 彭城內史로 옮겼다. 桓玄이 晉나라를 찬탈하자 劉裕가 404년에 군대를 일으켜 405년에 평정했다. 그리고 다시 安帝를 맞이하여 제위에 앉혀 晉나라 왕실을 회복시켰고 이때 劉裕는 侍中・車騎將軍・中外諸軍事・徐青二州刺史・兗州刺史・錄尚書史 등의 職을 맡았다. 또 南燕・後燕・巴蜀・後秦 등 여러 나라를 멸망시키고 相國의 지위에 올랐다. 義熙 14년에 安帝를 시해하고 慕帝를 세운 다음 宋王에 봉해졌다. 얼마 뒤 王位를 이어받아 國號를 宋이라 하고 慕帝를 폐위시켜 零陵王으로 삼았으며 그 다음해 다시 시해하였다. 3년 동안 재위하였다.

30) 羊穆之: 東晉末期의 저명한 장수이다. 그는 처음에 兗州刺史 辛禺의 長史가 되었다. 晉元興 3년(404)에 北青州刺史 劉該가 반란을 일으키자 辛禺가 명령을 받고 군대를 이끌고 토벌하러 나아갔다. 다만 몰래 반당과 결탁하여 淮陰에 군대를 주둔한 다음 은밀히 변란을 도모하였다. 羊穆之가 그러한 음모를 알아차리고 즉각 결단을 내려 辛禺를 참살하였고 아울러 辛禺의 목을 京師에 전달하여 미연에 兵變을 평정시켰다. 晉나라 조정에서 羊穆之를 寧朔將軍으로 삼아 彭城에 주둔시켰다. 義熙元年(405)에 大將 劉裕가 青州刺史가 된 이후에 羊穆之를 長史로 삼았다.

義熙 6년(410)에 劉裕의 大軍이 南燕의 수도 廣固(지금의 山東省 青州 서북쪽)를 함락시켜 南燕帝 慕容超를 사로잡아 北伐의 중대한 승리를 취득하였다. 晉나라 군대가 班師할 즈음에 劉裕가 羊穆之를 선발하여 青州刺史로 삼고 새로 점령한 南燕의 옛 영토를 지키도록 하였다.

31) 馮跋: 중국 16국시기 北燕의 건립자. 409년부터 430년까지 22년 동안 재위했다. 後燕 慕容寶 시기에 中衛將軍이 되었고 慕容熙가 즉위한 후에 은밀히 馮跋 형제를 제거하려 하자 형제들과 산중으로 피신했다가 몰래 궁중에

되었다가 곧 바로 後魏[32]의 소유가 되었고 青州는
宋나라에서 분할하여 青州·冀州 2州로 삼았다가 青
州는 郡을 아홉 개를 거느리고 臨淄를 治所로 하였고 冀州는 郡을 아홉
개를 거느리고 歷城을 治所로 하였다. 지금의 濟南 郡縣이다. 뒤에는
後魏에 편입되었다. 그 이후에 분할된 것은 일일이 다
열거할 수가 없다. 大唐에서는 15部를 설치하였는데

잠입하여 慕容熙를 시해하고 慕容寶의 養子 高雲을 옹립하여 燕 天王으로 삼고 연호를 正始로 고쳤다. 역사상에서 이를 北燕이라고 지칭한다. 正始 3년(409) 高雲이 다시 총애하던 離班·桃仁 등에 의해 살해되자 馮跋이 사태를 평정한 다음 여러 장수들의 추대에 의해 天王이 되고 연호를 太平으로 고쳤다. 太平 22년(430) 馮跋이 죽은 후에 그의 아우 馮弘이 馮跋의 아들 馮翼을 살해하고 스스로 왕이 된 다음 연호를 太興으로 고쳤다. 太興 6년(436)에 北燕은 北魏에 의해 멸망되었다.

32) 後魏: 南北朝시기 北朝의 하나이다. 晉나라 때 拓拔珪가 스스로 代王이 되어 國號를 魏(386~557)라고 하였다. 또한 北魏·拓跋魏·元魏라고도 하여 이전의 三國시대의 魏와 구별한다. 역사상에서는 보통 後魏라고 지칭한다. 처음에 盛樂 지금의 內蒙古 和林格爾縣에 도읍했다가 나중에 지금 山西 大同縣 동쪽에 있는 平城으로 옮겼다. 오늘날의 河北·山東·山西·甘肅 및 江蘇·河南·陝西의 북부, 遼寧省 서부 등지를 소유했다.
孝文帝시기에 이르러 지금의 河南 洛陽 동북쪽 20리에 있던 洛陽으로 천도하고 姓을 元氏로 바꾸었다. 그래서 元魏라고 칭하기도 한다. 149년 동안 12명의 군주를 배출하였다.

이 지역은 河南道 北海·濟南·淄川·東萊·高密 와 河北道[33] 지금의 安東府가 되었다.

---

33) 河北道: 唐나라 貞觀 초기에 설치했다. 黃河 이북에 있기 때문에 이런 명칭을 붙였다. 동쪽으로는 바다를 아우르고 남쪽으로는 黃河에 임하고 서쪽으로 太行·常山에 이르고 북쪽으로는 지금의 山海關인 渝關, 지금의 居庸關인 薊門과 통하였다. 懷州·衛州·相州·洺州·邢州·冀州·恒州·定州·易州·幽州·深州·瀛州·貝州·魏州·博州·德州·滄州·嬀州·檀州·營州·平州·燕州 등을 거느렸다. 지금의 河南 江河 이북 및 山東 河北 일대의 지역이다. 魏州를 治所로 했다. 治所는 지금의 河北省 大名縣 동쪽에 있었다.

자료 원문

史部/政書類/通制之屬/通典/卷一百八十/州郡

古青州

禹貢曰海岱惟青州　孔安國以爲　東北據海　西南距岱　此則青州之界　東跨海矣　其界盖從岱山　東歷密州　東北經海曲萊州　越海分遼東樂浪三韓之地　西抵遼水也　嵎夷既略　濰淄其道　嵎夷地名　即暘谷所在也　畧　言用功少也　濰淄二水名　皆復古道　濰水　出今高密郡莒縣濰山　淄水　今淄川縣　厥土白墳　海瀕廣潟　瀕水涯也　潟鹵鹹之地　瀕音頻　又音賓　潟音昔　萊夷作牧　萊山之夷　地宜畜牧　今東萊郡　舜分青州　爲營州　皆置牧　鄭玄云　舜以青州越海分置營州　其遼東之地　安東府　宜禹貢青州之域也　周以徐州　合青州　其土益大　周之青州　兼有徐兗二州之分　周禮職方曰正東曰青州　其山曰沂　藪曰孟豬　沂山　在今瑯琊郡沂水縣

即沂水所出也 孟豬澤名 今睢陽郡宋城縣 即盟豬 屬禹貢荆河州 與職方山藪不同也 川曰淮泗 浸曰沂沭 沭水 出東海郡 沭陽縣 沭音述 其利蒲魚 民二男二女 畜宜雞狗 穀宜稻麥 蓋以土居少陽 其色為青 故曰青州 在天官 虛危 則齊之分野 漢之淄川 東萊 瑯琊 高密 膠東 濟南 皆其分也 秦平天下置郡 此為齊郡 今北海 濟南 淄川 東萊 東牟等 郡地是 瑯琊之東境 今高密郡地也 遼東 今安東府 秦亂 項羽宰割天下 以其地為國 曰膠東 以田市為王 理即墨 今東萊郡縣 齊 以田都為王 理臨淄 今北海郡縣地也 濟北 以田安為王 理博陽 謂之三齊 漢武置十三州 此亦為青州 領郡國有六 後漢因之 領郡國五 理臨淄 今北海郡縣是也 魏晉亦因之 領郡國六 晉又置平州 領郡國五 理昌黎 今安東府也 懷帝末 沒於石勒 慕容皝及慕容恪 滅冉閔 剋青州 至苻氏平燕 復有其地 及苻氏敗後 刺史苻朗 以州降晉 晉以為幽州 以辟閭渾為刺史 鎮廣固 安帝時 平州 又陷於慕容垂 其青州 又為慕容德所據 復改為青州 慕容超移青州於東萊 後為劉裕所尅 復置青州 時以羊穆之為刺史 鎮廣固 平州 自慕容垂後 又

沒於馮跋 旋為後魏所有 其青州 宋分為青冀二州 青領郡九 理臨淄 冀領郡九 理歷城 今濟南郡縣 後入後魏 其後分析 不可具舉 大唐分置十五部 此為河南道 北海 濟南 淄川 東萊 高密 河北道 今安東府

자료 해설

　이 자료는 "발해와 태산의 사이가 靑州이다"라고 말한 「禹貢」의 기록을 인용하면서 그 靑州 안에 遼東·樂浪·三韓을 포함시키고 있다. 그리고 그 서쪽경계를 遼水라고 말하였다. 이는 遼東·樂浪·三韓이 모두 발해 유역에 존재했다는 사실과 아울러 고대의 遼水가 오늘의 요녕성 요하가 아니라 하북성 동쪽에 있었다는 사실을 알려주고 있다.

　唐宋 이후 많은 史家들은 『通典』을 널리 참고하였으며 특히 淸代의 고증학자들의 저서에서 자주 인용된 것을 볼 수가 있다. 그런데 본 자료에서 고대의 遼東을 새로운 차원에서 해석할 수 있는 기록과 만나게 된다.

　"秦이 천하를 평정하여 郡을 설치함에 있어 이곳 즉 靑州가 齊郡·瑯琊의 東境, 遼東이 되었다"라는 기록은 오늘날의 산동성 북쪽에 遼東이 있었다는 것을 의미하는 것으로서 우리가 그동안 요녕성에 있는 요하의 동쪽을 遼東이라 여겨왔던 것과는 너무나 판이하게 다른 관점이다. 앞으로 嵎夷와 遼東, 그리고 요동의 인근에 있었던 樂浪을 연구하는 데 있어 중요한 참고자료가 될 수 있다.

특히 秦나라 때의 遼東 지역을 당나라 때의 安東府라 말하고 晉나라 때 설치한 平州의 治所 昌黎를 또한 당나라 시기의 安東府라 말한 것은 주목을 끄는 대목이다. 이는 秦의 遼東과 晉의 昌黎, 唐의 安東都護府를 동일 지역으로 간주한 것으로 遼東과 安東府를 새로운 차원에서 연구를 가능하게 할 수 있는 귀중한 자료이다.

| 자료 출전 |

『通典』

　　唐나라 때 杜佑가 편찬한 책으로 典章制度를 전문으로 다룬 중국 최초의 史籍이다. 모두 200권으로 되어 있다. 저자 杜佑는 字는 君卿으로 京兆 萬年(지금의 陝西 西安) 사람이다. 唐玄宗 開元 23년(735)에 태어나 唐憲宗 元和 7년(812)에 서거했다. 杜佑는 名門大族 출신으로 20세 좌우에 벼슬길에 나서서 40세 이후에 중앙의 고급관료와 嶺南·淮南 등지의 지방장관을 역임했고 70세 가까이 되어 宰相의 지위에 올랐으며 78세에 질병으로 퇴직하여 얼마 후에 세상을 떠났다. 杜佑는 풍부한 정치적 경험과 고매한 문화적 수양이 있었다. 따라서 그는 역사가의 안목으로써 현실의 정치 경제 문제를 처리했고 정치가의 식견으로써 역사저작을 집필했다. 그가 이런 방대한 저작을 성공적으로 펴 낼 수 있었던 것은 바로 이와 같은 이유에서였다고 하겠다.

　　『通典』은 唐代宗 大曆 元年(766) 좌우에 편찬을 시작하여 德宗

貞元 17년(801) 그가 淮南節度使의 자리에 있을 때 完成되었다. 杜佑가 본서의 편찬을 시작하여 완성하기까지는 무려 35년이라는 장구한 시간이 소요된 셈이다.

    杜佑가 본서를 편찬한 목적은 "지난날 역사상의 정치·경제방면의 고찰을 통해서 당시의 정치·경제활동에 유익한 자료를 제공하려는 데 있다(征諸人事 將施有政)"라고 『通典』의「自序」에서 밝히고 있다.

    『通典』의 편찬 체제를 살펴보면 食貨·選擧·職官·禮·樂·兵·刑·州郡·邊防 등 모두 8개 부문으로 분류했다. 『通典』에서 다루고 있는 내용은 상고시대로부터 唐代 天寶 末年에 이르기까지를 하한으로 하고 있으며 唐肅宗·代宗 이후의 사실들에 대해서는 대체로 夾注의 형식으로 보충해 넣는 방식을 취하였다. 杜佑의 저술은 『通典』이외에 『通典』의 요지를 간추려 편찬한 『理道要訣』10권, 『管子指略』2권 등이 있다. 『通典』의 刊本은 北宋시기에 비로소 나타난다. 본 세기 30년대에 上海商務印書館에서 影印本을 출판했고 1984년에 中華書局에서 商務印書館本을 다시 影印 출판했으며 1988년에 中華書局에서 국내와 일본의 각 주요 판본들을 대조하여 校點本을 출판했다.

제 16 장
요동 낙랑
遼東 樂浪

| 자료 역문 |

『通典』권180「州郡」
〈古靑州 安東府〉

安東府: 東쪽으로 越喜部落[1]까지 2,500리이고 南쪽으로 柳城郡[2]경계까지 90리이고 西쪽으로 契丹 경계까지 80리이고 北쪽으로 渤海까지 1,950리이고 東南쪽으로 ……까지 ……리이고 西南쪽으로 ……까지 ……리이고 西北쪽으로

---

1) 越喜部落: 渤海에 겸병되었던 部落의 하나. 발해 역사상에서 黑水靺鞨·虞婁·拂涅·鐵利 등 부족과 함께 그 이름이 나타난다. 『欽定續文獻通考』「遼」〈上京道 韓州〉條에 다음과 같이 기록되어 있다. "韓州 本槀離國 渤海曰 ○吉頁府 太宗改三河渝河二州 聖宗幷二州置 領縣一柳河 渤海曰粵喜." 그리고 뒤이어〈銀州〉條에는 다음과 같이 기록하고 있다. "渤海曰富州 太祖改置 領縣三 延津 渤海曰富壽 新興 本越喜國地 渤海亦曰銀州 永平 渤海曰優富 太祖改置."

2) 柳城郡: 현재의 요녕성 朝陽市 朝陽縣에 있었던 것으로 여겨지는 옛 郡名이다. 朝陽縣 지역은 춘추시대에는 朝鮮·東胡의 땅이었다. 東漢 말년에는 鮮卑族 慕容氏가 점거했다. 西晉시기에는 平州 昌黎郡 柳城縣에 소속되었다. 東晉 咸康 8년(342)에는 慕容皝이 이곳 柳城의 북쪽과 龍山(지금의 鳳凰山)의 서쪽이 福德之地라 하여 여기에 宮闕을 세우고 柳城을 龍城으로 고친 다음 遷都하기도 하였다. 隋나라 開皇 元年(581)에 龍城縣을 설치했고 뒤에 또 柳城郡 柳城縣으로 고쳤다.

契丹 衙帳까지 1,000리이고 東北쪽으로 契丹 경계까지 80 리이고 西京까지는 5,320리이고 東京까지는 4,440 리이다. 戶는 ……이고 人口는 ……이다.

安東大都護府[3]는, 舜이 靑州를 분할하여 營州를 만들었고 牧을 배치하였으니 마땅히 遼水의 동쪽이 이곳이다. 序篇[4]에서 이미 상세히 주석을 달았다. 春秋시대 및 戰國시대에는

  唐나라 武德 初年(618)에는 營州 總管府 柳城縣이 되었고 唐天保 元年(742)에는 營州 柳城縣으로 되었다. 乾隆 43년(1738)에 朝陽縣으로 명칭이 바뀌어 오늘에 이르고 있다. 현재는 朝陽市 관할 縣으로 되어 있다. 이에 관한 기록은 다음 자료들에서 확인할 수 있다.
  『漢書』「地理志下」 "遼西郡 縣十四 柳城" 「讀史方輿紀要」 「直隸萬全都指揮使司大寧衛" "營州故城 通典 州城 東至遼河四百八十里 南至海三百六十里 至北平郡七百里 北至契丹界五十里是也 商周爲孤竹國地 春秋時爲山戎地 戰國屬燕 秦漢及晉 俱屬遼西郡 晉建興以後 屬於慕容氏 咸康七年 慕容皝 以柳城之北 龍山之西 爲福德之地 乃營宮廟 改柳城爲龍城 八年遂遷都焉 尋號新宮 曰和龍宮 宮門曰宏光門."
  그런데 저자가 여기서 安東府의 위치를 설명하면서 남쪽으로 柳城郡 경계까지 90리라고 말하였다. 그렇다면 이때의 安東 즉 遼東은 지금의 요하 동쪽 遼東이 아닌 것이 분명하다고 하겠다.

3) 安東大都護府 : 唐朝에서 東北 지역에 설치했던 중요한 軍政 관리기구로 唐朝의 6개 주요 都護府 중의 하나였다. 唐高宗 總章 元年(668)에 설치했다가 安史之亂이 일어나자 唐肅宗 上元 2년(761)에 폐지되었다.

4) 序篇: 序篇이란 『通典』 171권 「州郡1」의 〈序目上〉, 172권 「州郡2」 〈序目下〉를 가리킨다. 杜佑는 여기서 遼東에 대해 여러 군데에서 언급하였다. 〈序目上〉 晉武帝 太康 元年條에서는 "分遼東爲平州 治昌黎 今安東府"라고 설명하였다. 그리고 〈序目下〉에서는 다음과 같이 말하였다. "漢之東境 有樂浪郡 西境有燉

아울러 燕에 소속되었고 秦나라와 前漢·後漢시대에는 遼東郡이라 하였다. 東쪽으로는 樂浪과 통하였다. 樂浪은 본래 朝鮮國인데 漢武帝 元封 3년에 朝鮮人이 그 王의 목을 베어 항복하였다. 그 땅으로써 樂浪·玄菟 등 郡을 삼았다. 뒤에 또 帶方郡을 설치하였다. 아울러 遼水의 동쪽에 있었다.

晉나라시기에는 그대로 따랐으며 겸하여 平州를 설치하였다. 郡과 國 5개를 거느렸고 여기에 治所를 두었다. 後漢末로부터 公孫度가 平州牧이라 자칭했으며 그의 아들 康, 康의 아들 文懿에 이르기까지 아울러 遼東을 제멋대로 점거하였다. 東夷 九種이 다 이들에게 복종하여 섬겼다. 魏나라시대에는 東夷校尉를 배치하여 襄平5)에 거주시켰고 遼東·昌黎·玄菟·帶方·樂浪 5郡을 분할하여 平州로 삼았다. 뒤에 다시 幽州에 병합했다.

煌郡 今東極安東部 則漢遼東郡也 其漢之玄菟樂浪二郡 並在遼東郡之東 今悉爲東夷之地矣 今西極安西府 其伊吳交河 北庭安西 則漢代戎胡所據 皆未得而詳."

그리고 〈序目下〉에는 이런 기록도 보인다. "尾箕之分野 得漢之漁陽右北平 遼西遼東 上谷代郡 雁門 涿郡之易 容城范陽 北有新城故安 涿縣良鄕 新昌 及渤海之安次 皆燕分野 樂浪玄菟 亦宜屬焉. 今上谷范陽 順義歸化歸德媯川 漁陽密雲北平 柳城安東馬邑 安邊雁門之東境 接樓煩之北是也 樂浪玄菟 今爲東夷所據." 여기서 杜佑가 "이미 序篇에서 상세히 주석을 달았다"라고 말한 것은 이런 기록들을 가리킨 것이다.

5) 襄平: 현재 중국학자들은 襄平이 지금의 중국 요녕성 遼陽縣 북쪽에 있었던 것으로 보고 있다. 그러나 漢나라시기의 遼東郡은 오늘의 요하 동쪽을 가리키는 遼東郡과는 달랐다. 따라서 襄平郡의 위치도 당연히 달라진다.

文懿가 멸망한 뒤에는 護東夷校尉[6]를 두어 襄平에 거주하게 했다. 晉나라 咸寧(晉武帝의 연호) 2년(276)에는 昌黎·遼東·玄菟·帶方·樂浪 등 郡·國 5개로 분할하여 平州를 설치하였고 慕容廆[7]로써 刺史를 삼았다.

마침 永嘉之亂[8]이 일어나자 백성들에 의해 추대된 바가 되었다. 그 손자

---

6) 護東夷校尉: 曹魏시기에 설치했고 府治는 襄平에 있었다. 初期에는 중앙 왕조에서 東北 동부민족을 감독 통솔하기 위한 官方기구였다가 北魏시기에는 東北 민족과 관련한 사무를 관장하는 중요한 기구가 되었다. 北魏 말년에는 拓跋鮮卑 통치 집단의 동북지역에 있어서의 통치가 약화됨에 따라 護東夷校尉府를 철폐하였다.

7) 慕容廆: 慕容廆(269~333)는 鮮卑族으로 昌黎 棘城 사람이다. 慕容部 首領 慕容涉歸의 아들이고 前燕의 건립자 慕容皝의 부친이다. 西晉武帝 太康 4년(283)에 慕容涉歸가 죽고 그 아우인 慕容耐가 정권을 찬탈하자 慕容廆가 도망쳤다. 太康 6년(285)에 部衆들이 慕容耐를 살해하고 慕容廆를 옹립하여 慕容部 首領의 지위를 계승시켰다. 太康 10년(289)에 西晉에 의해서 鮮卑都督으로 봉해졌다. 慕容廆는 드디어 西晉懷帝 永嘉 元年(307)에 鮮卑大單于를 자칭했다. 東晉元帝 太興 3년(321)에는 都督幽平二州·東夷諸軍事·車騎將軍·平州牧이 되었고 遼東公에 봉해졌다. 東晉 成帝 咸和 8년(333)에 세상을 떠났고 諡號는 襄公이다. 뒤에 그 손자 慕容儁이 황제를 칭할 때 慕容廆를 武宣皇帝라 追尊했다.

8) 永嘉之亂: 西晉 末年에 일어났던 大亂을 가리킨다. 西晉惠帝 永興 元年(304)에 흉노귀족 劉淵이 左國城(지금 山西 離石)에서 군대를 일으켜 晉나라에 반기를 들고 일어났으며 점차 幷州의 일부분 지역을 차지한 다음 漢王을 자칭하였다.

光熙 元年(306)에 晉惠帝가 죽자 司馬熾가 帝位를 계승했는데, 그가 바로 懷帝이며 연호를 永嘉로 바꾸었다. 이때 劉淵이 石勒 등을 보내 대거 南

慕容儁⁹⁾에 이르러 도읍을 薊¹⁰⁾로 옮겼고 그 뒤에 慕容垂의 아들 慕容寶가 다시

侵하여 누차에 걸쳐 晉軍을 격파했고 세력이 날로 커졌다. 劉淵의 字는 元海로 新興縣 匈奴人이다. 冒頓의 후예인데 曹魏시기에 姓을 劉로 고쳤다. 祖父는 南匈奴 單于이고 아버지 劉豹는 匈奴 左部帥이다. 西晉太康 말년에 劉淵이 北部都尉가 되었고 뒤에 建威將軍·五部大都督이 되었으며 漢光鄕侯에 봉해졌다. 永嘉 2년(308)에 정식으로 황제라 칭하였다. 劉淵이 사망하자 그 아들 劉聰이 帝位를 계승했다. 그 다음 해 劉聰이 石勒·王彌·劉曜 등을 보내 晉나라를 공격했다. 平城(지금 河南 鹿邑 서남쪽)에서 晉軍 10만을 섬멸하고 太尉 王衍과 여러 王公들을 살해했다. 永嘉 5년 (311)에 匈奴의 군대가 西晉의 京師 洛陽을 공격 함락시켰고 晉懷帝는 포로가 되었으며 군사들을 풀어 방화와 약탈을 자행하여 王公과 士民 30,000여 명을 살해하였다. 역사상에서 이를 '永嘉之亂'이라 칭한다. 그 얼마 뒤에 懷帝는 匈奴人에 의해 살해되었고 그 조카 愍帝가 長安에서 옹립되었다. 다만 이때 皇室과 世族들은 다 이미 江南으로 떠난 뒤여서 西晉王朝는 명목상의 왕조일 뿐이었다. 316년에 이르러 匈奴兵이 長安에 침입하여 愍帝를 포로로 붙잡았고 여기서 西晉武帝가 帝位를 찬탈한 이후 51년 동안 유지해 왔던 西晉 왕조는 종말을 고하고 말았다. 이에 관한 기록은『晉書』「孝愍帝紀」에 "屬永嘉之亂 天下崩離 長安城中 戶不盈百"이라고 나온다. 그때의 전란이 얼마나 참혹했는지 보여 주는 대목이다.

9) 慕容儁: 晉나라 때 前燕王皝의 둘째 아들, 아버지가 돌아간 뒤 왕위를 계승 했다. 趙를 정벌하여 薊를 취했고 또 冉魏를 멸망시켰다. 황제로 취임한 후 11년 동안 재위했다. 시호는 景昭皇帝, 연호는 燕元·元璽·光壽 등을 사용했다. 독서하기를 좋아했고 40여 종의 저술을 남겼다.

10) 薊: 지금 북경시 西南 쪽 지역에 있던 고대 국가이다. 西周시대 이전 殷商시기에 이미 이 지역에 薊라는 국가가 있었다.『禮記』「樂記」에 "武王克殷返 未及下車 而封黃帝之後於薊"라는 기록이 있고『史記』「周本紀」에는 "封帝堯之後 於薊"라는 기록이 나온다. 堯舜시대 이전에 이미 薊라는 국가가 있었음을 알 수

和龍[11])으로 遷都하였다. 後魏시대에 高句麗가 그 지역에 도읍
하였다. 大唐總章(唐高宗 연호) 元年(688년)에 李勣[12])이
高句麗를 평정하고 176개 城을 얻어 그 지역을 都督府
9·州 42·縣 100개로 분할했다. 平壤城에 安東都護府

있다. 이 지역이 春秋시대에는 无終子國이 되었고 秦代에는 无終縣을 설치했
으며 隋大業 末年에 漁陽으로 바뀌고 唐開元 18년에는 薊州를 설치했다. 그
위치는 지금 北京시에서 서남쪽 지역에 있었던 것으로 보고 있다.
　『漢書』「地理志下」에 "廣陽國 縣四薊"라고 나오고 『讀史方輿紀要』「直隷順
天府宛平縣」에 "薊城今府治東 古燕都也 記曰武王克商 封帝堯之後于薊 秦始
皇二十一年 王賁取燕薊城 因置薊縣 屬上谷郡 項羽封臧荼 為燕王都薊 漢盧綰
亦封焉 後為廣陽國治"라 기록되어 있다.

11) 和龍: 前燕시대의 도읍지. 지금의 遼寧省 朝陽縣 지역이다.『十六國春秋』
에 "慕容皝 築龍城 改柳城為龍城縣 遷都龍城 號新宮曰和龍宮"이라 기록
되어 있다.

12) 李勣: 李勣(594~669)은 唐나라 때 유명한 정치가·군사가로 원래의 姓은 徐,
이름은 世績, 字 는 懋功이었다. 그런데 唐高祖 李淵이 姓을 李로 하사하여 李
世績이 되었다. 뒤에 唐太宗 李世民의 諱를 피하기 위해 이름에서 世字를 빼
고 績 한글자로 고쳤다. 曹州 離狐(지금의 山東省 東明 일대) 사람이다. 뒤에
英國公에 봉해졌다. 李勣은 살아생전에 唐高祖·唐太宗·唐高宗(李治) 세 왕
조를 연이어 섬기면서 조정의 깊은 신임을 받았다. 貞觀 18년에는 太宗을 따
라 고구려의 정벌에 참여하여 遼東·白巖 등 여러 성을 함락시켰다. 高宗 乾
封 元年(666)에는 고구려의 淵蓋蘇文이 죽고 그 아들 男生이 國權을 장악
하였는데 연개소문의 다른 두 아들인 男建·男産이 반란을 일으켜 男生을

를 설치하여 통치하고 그 지역의 지도자들을 都督・刺史・縣令으로 삼았다.

축출했고 男生은 唐나라로 도망쳐 군대를 발동해줄 것을 요청했다.
高宗은 李勣을 遼東道行軍大總管으로 삼아 고구려정벌에 나섰다. 乾封 2년(667) 2월에 李勣의 大軍이 遼水를 건너 고구려의 중요한 성인 新城을 함락시켰고 이어서 平壤城 남쪽에 大營을 구축했다. 城內에서 唐軍에게 內應을 하고 밖에서는 唐軍이 사방에서 진격하여 平壤城은 함락되고 고구려 왕조는 결국 멸망하였다. 李勣은 唐王朝에서 三朝의 重臣으로 出將入相하며 생전에 인간의 온갖 영화를 다 누리다가 76세를 일기로 세상을 떠났다. 그러나 그가 죽은 후 武后시기에 이르러 그의 孫子 李敬業이 武后가 唐의 宗室을 살해하는 것에 반대하여 揚州에서 唐之奇・駱賓王 등이 일으킨 반역에 동참하였다가 반란이 평정된 후 李勣과 그 아들은 削奪官爵 剖棺斬尸를 당하였고 姓은 본래의 徐氏로 되돌려졌으며 李勣의 직계자손은 거의 남김없이 도륙을 당하였다. 우연히 살아남은 旁系 자손들은 모두 북방의 胡나 또는 남방의 越로 도망하였다.
唐德宗 貞元 17년(801)에 吐蕃이 麟州를 공격하여 함락시켜 백성들과 가축을 몰고 갔다. 포로 일행이 鹽州에 이르렀을 때 徐舍人이라는 吐蕃 장수가 몇 천 명 漢人 포로들을 한 곳에 소집해놓고 和尚 延素를 보고 말했다. "大師 겁내지 마시오. 나는 본래 漢人의 5대손이오. 예전에 武太後가 唐宗室을 살해하자 우리 할아버지가 건의했는데(徐敬業을 가리킴) 들어주지 않았다오. 그 자손들이 먼 지역으로 流落하여 지금 이미 3대가 되었오. 비록 우리들이 대대로 여기 살면서 군사도 있고 땅도 있지만 근본을 생각하는 마음에서 나라를 잊지 못한다오. 다만 지금은 딸린 사람들이 많아서 혼자서 漢으로 돌아갈 수가 없소이다." 말을 마친 다음 吐蕃에서 노예로 살다가 병들어 죽을 漢人 수천 명을 전부 풀어 주었다고 한다. 李勣은 평생을 夷狄을 몰아내고 中原을 지키기 위해 싸웠다. 그러나 그의 피를 받은 자손은 중국에서는 도륙당하고 그 일부가 夷狄의 틈에 섞여 명맥을 이어가고 있었던 것이다. 李勣의 생애는 『唐書』 93권에 상세히 나와 있다.

上元 2년(676)에 遼東故城[13]으로 옮겼고 儀鳳 2년(677)에 또 新城[14]으로 옮겼으며 聖歷(武后 연호) 元年(698)에 安東都護府로 이름을 고쳤고 神龍 (武則天과 唐中宗 연호) 元年(705)에 옛 명칭을 회복시켰다. 開元(唐玄宗 연호) 2년(714)에 平州로 옮겼고 天寶 2년(742)에 또 遼西故郡城으로 옮겼다가 至德(756~758) 이후에 폐지되었다. 羈縻州 14개를 거느렸다.

---

13) 遼東故城: 여기서 遼東城이 아니고 遼東 故城이라고 말한 것으로 볼 때 遼東에는 遼東城과 구별되는 遼東의 故城이 따로 있었던 것이 아닌가 여겨진다.

14) 新城: 중국학자들은 이때 安東都護府가 옮긴 新城을 지금 요녕성 撫順의 高麗山으로 인식한다. 그러나 撫順은 遼陽에 비해 더 동쪽에 있다. 고구려 세력의 반발에 밀려서 옮겨가는 마당에 遼東古城보다 더 동쪽에 있는 지역인 무순으로 옮겼다는 것은 사리에 맞지 않다. 『舊唐書』 「河北道」 涿州 條에 의거하면 范陽 新昌 歸義 固安 新城이 涿州의 관할 현으로 되어 있고 新城은 大曆 4년에 固安縣을 분할하여 설치했다고 기록하고 있다. 여기서 말하는 新城은 오늘날 요동쪽에 있던 新城이 아니라 하북성에 있던 이 新城으로 보아야 옳다고 여겨진다. 이때는 당나라의 동북지역에 대한 영향력이 몹시 약화되어 安東都護府가 요동에서 서쪽으로 후퇴하는 추세에 있었기 때문이다.

史部/政書類/通制之屬/通典/ 卷一百八十/州郡/古青州

安東府 東至越喜部落二千五百里 南至柳城郡界九十里 西至契丹界八十里 北至渤海一千九百五十里 東南到　里 西南到　里 西北到契丹衙帳一千里 東北到契丹界八十里 去西京五千三百二十里 去東京四千四百四十里 戶口 ○○ 安東大都護府 舜分青州為營州置牧 宜遼水之東是也 已具注序篇 春秋及戰國 並屬燕 秦二漢曰遼東郡 東通樂浪 樂浪本朝鮮國 漢武帝元封三年 朝鮮人斬其王而降 以其地為樂浪玄菟等郡 後又置帶方郡 並在遼水之東 晉因之 兼置平州 領郡國五 理於此 自後漢末 公孫度自號平州牧 及其子康 康子文懿 並擅據遼東 東夷九種 皆服事之 魏置東夷校尉 居襄平 而分遼東 昌黎 玄菟 帶方 樂浪 五郡 為平州 後還合幽州 及文懿滅後 有護東校尉 居襄平 晉咸寧二年 分昌黎 遼東 玄

菟 帶方 樂浪等 郡國五 置平州 以慕容廆為刺史 遂屬永嘉之亂 為衆所推 及其孫儁 移都於薊 其後慕容垂子寶 又遷於和龍 後魏時高麗國都其地 大唐總章元年 李勣平高麗 得城百七十六 分其地為都督府九 州四十二 縣一百 置安東都護府於平壤城 以統之 用其酋渠 為都督刺史縣令 上元二年 徙遼東故城 儀鳳二年 又徙新城 聖歷元年 更名安東都護府 神龍元年 復故名 開元二年 徙於平州 天寶二年 又徙於遼西故郡城 至德後廢 領羈縻州十四

자료 해설

이 자료에 의하면 秦·漢시대의 遼東郡, 晉나라 시기의 平州, 後魏 시기의 고구려 평양성, 唐나라 때 설치한 安東都護府는 동일한 지역에 위치하였으며 다만 시대의 변천에 따라서 그 명칭 상에 변화가 있었을 뿐임을 알 수 있다.

이 자료는 安東都護府와 樂浪·帶方 등 郡이 遼水의 동쪽에 있었다는 사실을 설명하고 있다. 그런데 安東府의 위치를 설명하는 기록 가운데 "남쪽으로 柳城郡 경계까지가 90리이고 서쪽으로 契丹 경계까지가 80리이다"라는 내용이 있는 것으로 볼 때 여기서 말하는 요수의 동쪽은 오늘날 요녕성에 있는 요하의 동쪽과는 다른 지역을 가리킨 것이라는 사실을 짐작할 수가 있다. 이 자료는 樂浪·遼東과 安東都護府와 遼水를 기존의 식민사관을 깨고 새로운 차원에서 연구하는 데 중요한 참고 자료로 활용될 수 있다고 본다.

제 17 장
연동 낙랑
燕東 樂浪

> 자료 역문

『史記正義』「論例諡法解列國分野」

燕나라 땅은 尾箕의 分野[1]이다. 召公[2]을 燕에 봉한 뒤 36世에 六國과 함께 王을 자칭하였다. 동쪽에는 漁陽[3].

---

1) 尾箕의 分野: 燕國 또는 幽州를 말한다. 『史記』「天官書」에는 "하늘에는 列星이 있고 땅에는 州域이 있다(天則有列星 地則有州域)"라고 하였다. 이는 고대사회에서 하늘의 星宿와 땅의 州域을 연결해서 생각했던 의식을 반영한 것이다.

춘추전국시대에 사람들은 地上의 区域을 가지고 天上의 星宿를 구분하였고 또 아울러 天上의 星宿를 地上의 州國에 분배하였다. 天上과 地上이 서로 대응을 이루도록 하여 어떤 별은 어떤 지역의 별이고 어떤 별은 어떤 나라의 분야라고 하였는데, 이를 우리는 星宿의 分野 관념이라고 설명할 수 있다.

星宿의 分野는 각 列國에 分配시킬 뿐만 아니라 각 州郡에 대해서도 分配하였는데, 고대사회에서 이처럼 星宿의 分野를 설정한 원인은 주요하게 天象을 관측하여 地上의 해당 分野 州國의 吉凶을 점치는 데 편리하게 하기 위한 의도에서였다고 할 수 있다. 여기서 고대사회에서 天上의 星宿를 地上의 列國과 각 州에 분배시킨 내용을 도표로 설명하면 다음과 같다.

〈星宿〉	〈列國〉	〈星宿〉	〈各州〉
角 亢	鄭	角 亢 氐	兗州
氐 房 心	宋	房 心	豫州
尾 箕	燕	尾 箕	幽州
斗 牛	越	斗	江湖
女	鳴	牛 女	楊州
虛 危	齊	虛 危	青州
室 壁	衛	室 壁	并州
奎 婁	魯	奎 婁 胃	徐州
胃 昂 畢	魏	昂 畢	冀州
觜 參	趙	觜 參	益州
井 鬼	秦	井 鬼	雍州
柳 星 張	周	柳 星 張	三河
翼 軫	楚	翼 軫	荊州

2) 召公: 周朝의 官名이다. 西周의 召公 姬奭(서기전 1046~서기전 995)에서 시작되었고 그 이후 이 벼슬은 召公奭의 후손들에 의해 세습되었으며 그들 역시 召公으로 불렸다. 召公이란 명칭은 처음 封地가 召(지금 陝西 岐山縣 서남쪽)에 있었던 데서 유래했다. 여기서는 제1대 召公인 姬奭을 가리킨다. 姬奭은 西周의 宗室로 周公 姬旦·武王 姬發과 함께 殷을 멸망시키고 周왕조를 건립하는 데 결정적인 역할을 한 인물이다.

召公은 周公과 함께 東征에 참여하여 西周에 반기를 들고 일어난 東方의 殷商의 諸侯國과 淮夷를 정복했다. 그에 관해서는 『史記』 「周本紀」에 다음과 같이 기록되어 있다. "召公爲保 周公爲師 東伐淮夷." 그 후 召公은 논공행상을 하는 과정에서 본래 東夷의 영토인 燕에 분봉되어 燕國의 始祖가 되었다. 이때 燕의 최초의 분봉지가 어디인지를 놓고 지금까지 의논이 분분한 편이다. 그러나 이때 召公은 燕國의 諸侯로 분봉을 받았으나 직접 그곳에 가지 않고 그 長子 姬克을 파견하여 대신 다스리도록 하고 자신은 계속 鎬京에 체류했다. 西周의 武王·成王·康王 三朝를 거치면서 수십 년 동안 周公 姬旦과 함께 새로 건립한 西周 왕조의 기틀을 공고히 다지는 데 크게 기여하였다.

3) 漁陽: 胡渭의 『禹貢長箋』 권1에는 "故城이 지금 密雲縣에 있다"라고 하였다.

· 右北平[4]· 遼西[5]· 遼東이 있고 서쪽에는 上谷[6]· 代郡[7]· 雁門[8]이 있고 남쪽에는 涿郡[9]의 易縣[10]· 容城[11]· 范陽[12]이

---

4) 右北平:『禹貢長箋』권1에는 "故城이 지금 薊州에 있다"라고 하였다.

5) 遼西:『禹貢長箋』권1에는 "故城이 지금 盧龍縣 동쪽에 있다"라고 하였다.

6) 上谷:『前漢書』권28 下「地理志」〈上谷郡〉條에 "秦나라 때 설치되었으며 軍都縣· 居庸縣· 涿鹿縣 등 15개 縣을 관할했다"라고 기록되어 있다.

7) 代郡:『前漢書』권28 下「地理志」〈代郡〉條에는 "秦나라 때 설치되었고 五原關과 常山關이 있으며 옛 代國의 땅이다"라고 기록되어 있다.『禹貢長箋』권1에는 "代郡의 故城이 지금 蔚州의 동쪽에 있다"라고 하였다.

8) 雁門:『前漢書』권28 下「地理志」〈雁門郡〉條에는 "秦나라 때 설치되었고 관하에 樓煩 등 14개 縣을 두었다"라고 기록되어 있다.

9) 涿郡:『禹貢長箋』권1에는 "高帝가 上谷郡을 분할하여 설치했으며 지금의 涿州이다"라고 기록되어 있다.

10) 易縣:『舊唐書』권39「地理志」〈河北道〉에 "易縣은 漢의 故安縣으로 涿郡에 속했었는데 隋나라에 이르러서 易縣으로 되었다"라고 하였다.

11) 容城:『舊唐書』권39「地理志」〈河北道〉條에 "容城은 漢縣으로 涿郡에 소속되어 있었는데 道縣으로 개정했다가 唐天寶 원년에 容城縣으로 고쳤다"라고 설명하였다. 지금 容城縣이 河北省 중부, 북경시의 남쪽 易縣 부근에 위치하여 유구한 역사적인 명맥을 유지해 오고 있다. 이 지역에는 商周시대의 晾馬台 유적, 春秋 戰國시대의 南陽 유적뿐만 아니라 黑龍口의 燕長城 유적이 지금도 그대로 보존되고 있다.

12) 范陽:『舊唐書』권 39「地理志」〈河北道〉條에 "范陽縣은 漢 涿郡의 涿縣으로 郡의 治所이다. 曹魏시대 文帝가 范陽郡으로 개정했고 晉나라 때 范陽國

있고 북쪽에는 新成[13]· 故安[14]· 涿縣[15]· 良鄕[16]· 新昌[17] 및

으로 되었으며 後魏시대에 范陽郡으로 되었고 隋나라 때 涿縣으로 되었다가 范陽縣으로 고쳤다. 大歷 4년에 다시 范陽縣에 涿州를 설치했다"라고 기록되어 있다.

13) 新成:『舊唐書』권39「地理志」〈河北道〉條에 "新城縣은 大歷 4년에 분할하여 설치했다"라고 간단히 기술되어 있다. 그리고 어느 지역을 분할하여 설치했는지는 명확한 설명이 없다. 이 자료에 보이는 '新成'은 '新城'의 誤記로 보인다. 新城縣이 固安縣의 바로 뒤에 소개되고 있는 점으로 미루어 볼 때 固安縣 부근에 있던 縣으로 볼 수 있다.

14) 故安:『舊唐書』권39「地理志」〈河北道〉條에 "固安은 漢縣으로 涿郡에 속했다. 武德 4년에 北義州에 소속되어 章信城으로 治所를 옮겼고 貞觀 원년에 義州를 없애고 故安縣으로써 幽州에 소속시키고 지금의 治所로 옮겼다. 지금의 治所는 漢 方城縣 땅으로 廣陽國에 속했다"라고 기록되어 있다.
  故安과 固安은 동일한 지명으로 서로 통용했다고 여겨진다.『明史』「地理志」〈易州〉條에는 "高陽軍 上刺使 漢爲易故安二縣地"라고 나와 있다.

15) 涿縣:『舊唐書』「地理志」〈河北道〉'涿州'條에 "涿州는 본래 幽州 范陽縣이다"라고 하였고 '范陽縣'條에는 "漢涿郡의 涿縣이다"라고 하였다. 역사상에서 涿縣의 관할 구역은 다소의 변동이 있었다. 그러나 그 행정의 중심인 治所는 언제나 지금의 하북성 涿州市 구역을 벗어나지 않았다.

16) 良鄕:『舊唐書』권39「地理志」〈河北道〉條에 "良鄕縣은 漢縣으로 涿郡에 소속되었으며 隋나라 시기까지 변동이 없었다"라고 기록되어 있다. 良鄕縣은 지금 북경시 서남쪽 20킬로미터 지점에 위치해 있다. 수도 북경의 서남쪽 관문이다. 1958년 良鄕縣과 房山縣을 합병하여 良鄕縣을 良鄕鎭으로 개정했고 2002년 良鄕鎭은 다시 官道鎭과 합병했다. 고대의 良鄕縣은 오늘의 良鄕鎭과 관련이 있다고 본다.

渤海의 安次가 있고 樂浪·玄菟도 또한 마땅히 여기에 속한다.

17) 新昌:『舊唐書』권39「地理志」〈河北道〉條에 "新昌은 漢縣의 명칭인데 뒤에 폐지되었다가 大曆 4년에 다시 固安縣을 분할하여 설치하였다"라고 기록되어 있다.『舊唐書』「河北道」〈遂城縣〉條에는 "漢의 北新城縣으로 中山國에 소속되었으며 後魏 때 新昌으로 개정되었다가 隋末에 遂城으로 되었다"라고 나와 있다.

> 자료 원문

史部/正史類/史記正義/ 論例謚法解列國分野

燕地 尾箕之分壄 召公封於燕 後三十六世 與六國俱稱王 東有漁陽 右北平 遼西 遼東 西有上谷 代郡 鴈門 南有涿郡之易 容城 范陽 北有新成 故安 涿縣 良鄉 新昌 及渤海之安次 樂浪 玄菟 亦宜屬焉

| 자료 해설 |

 秦始皇이 천하를 통일하기 이전 전국시대의 7國 중에 燕나라가 오늘의 하북성 중부에 위치하고 있었고 이 燕나라의 동쪽에는 바로 朝鮮이 있었다. 한국의 고대사 연구와 관련해서 燕나라 역사에 대한 이해가 중요하게 평가되는 이유가 여기에 있다.

 이 자료는 燕나라 당시 東·西·南·北에 설치되어 있던 지명들을 나열하면서 그 나라가 처해 있었던 위치를 설명하고 있다. 지명들은 시대에 따라 변하기 마련으로서 燕나라 당시의 지명들이 지금까지 그대로 사용된다고 보장할 수 없으며, 따라서 고대에 사용된 지명을 가지고 燕나라의 현재의 위치를 밝히기는 사실상 용이한 일은 아니다. 그러나 또 한번 붙여진 지명은 비록 중간에 여러 차례 변경되는 과정을 거치기는 하지만 어떠한 형태로든 그 흔적은 남기게 마련이라는 특성을 고려할 때 고대의 지명을 집중 추적한다면 대륙의 동북방에서 燕나라의 현재의 위치를 밝혀내는 일이 아주 불가능한 일만도 아닐 것이다.

 우선 燕의 동쪽 경계부터 살펴보면 燕의 동쪽에는 漁陽·右北平·

遼西·遼東이 있다고 하였다. 淸나라 때의 고증학자 胡渭는 『禹貢 長箋』에서 "漁陽의 故城은 지금의 密雲縣에 있고 右北平의 故城은 지금의 薊州에 있고 遼西의 故城은 지금의 盧龍縣에 있다"라고 하였다.

胡渭가 말하는 密雲縣은 지금 北京市內 동쪽에 있다. 薊縣은 북경시 외곽 동쪽에, 盧龍縣은 하북성 동쪽에 있는데 万里長城을 벗어나지 않은 안쪽에 위치하고 있다.

이것은 전국시대 燕나라의 동쪽 국경이 지금의 万里長城을 넘지 않았음을 의미한다. 문제는 遼東이 어디에 있었느냐 하는 것인데 胡渭는 다른 지역에 대해서는 다 淸나라 당시의 해당 지역과 대비하여 설명하면서도 유독 遼東에 대해서만은 설명하지 않고 입을 굳게 다물었다. 이유는 무엇일까. 遼東 동쪽에 朝鮮이 있었으므로 遼東의 위치를 밝히는 일은 곧 朝鮮의 위치를 밝히는 것과 직결되기 때문에 설명하기를 꺼렸던 것이다. 그러면 여기서 이제 胡渭가 밝히기를 꺼린 遼東의 위치를 추적해보자.

遼西의 故城이 하북성 盧龍에 있었다면 遼東은 盧龍의 동쪽 지역에서 찾아야 할 것인데 하북성 承德市·遵化市·玉田縣 일대가 여기에 해당하는 지역이 될 것이다. 密雲縣·薊縣·盧龍縣의 위치나 거리상으로 미루어 볼 때 당시에 郡 하나가 차지하는 면적은 지금의 縣市에 상응하는 정도의 면적으로서 그 이상으로 확대 해석하는 것은 다른 郡과의 균형상 불가능하기 때문이다. 그리고 또 『史記』권7

에는 "燕王 韓廣을 옮겨 遼東王으로 삼았다"라는 기록이 나오고「集解」에는 徐康의 말을 인용하여 韓廣이 "無終에 도읍했다"라고 하였다. 無終은 바로 오늘 玉田縣의 옛 지명으로서 이는 玉田縣 · 遵化市 일대가 燕의 遼東郡에 속하는 지역이었음을 입증하는 중요한 단서가 된다고 하겠다.

그런데 燕나라 때의 遼東郡을 오늘의 遼河 동쪽을 지칭하는 遼東郡으로 착각하는 경우가 간혹 있고, 또 중국에서는 동북공정 이후 심지어 燕 遼東郡이 한반도 대동강 유역까지 포함했다고 공개적으로 주장하고 있는 실정이고 보면 삼척동자도 비웃을 일로서 역사왜곡의 차원을 넘어서 역사조작이라고 말하는 편이 합당하다 할 것이다.

이는 우선 遼東郡 하나가 燕나라 전체 영토를 합친 것보다 몇 배나 더 방대한 결과가 되니 다른 郡과의 형평성 차원에서 고려할 때 맞지 않는다. 그리고 춘추전국시대 당시 강대국이었던 齊나라의 영토는 魯나라와 함께 山東省의 절반을 나누어 그 동쪽을 차지하고 있었다. 그런데 하북성 중부에 위치해 있었던 燕나라의 동쪽 遼東郡이 동쪽으로 한반도의 대동강 유역까지를 포함했다고 한다면 이것은 영토와 민중의 숫자로 국력을 가름하던 당시로서는 超強大國에 해당하는 것으로서 워낙 弱小국가라서 당시 6국의 會盟에도 끼지 못했다는 역사기록에도 부합되지 않는다.

다음은 燕의 서쪽 경계를 검토해 보기로 한다. 燕의 서쪽에는 上谷

· 代郡 · 雁門이 있다고 하였는데, 『前漢書』에 "上谷郡은 涿鹿縣 등 15개 縣을 관할한다"라고 말하고, 『禹貢長箋』에는 "代郡의 故城이 지금 蔚州 동쪽에 있다"라고 하였다.

지금 하북성 서쪽에 涿鹿이 있고 山西省과 인접한 지역에 蔚縣이 있다. 이는 당시 燕의 서쪽 영토가 오늘날의 山西省과 하북성 분계점에 도달했음을 말해준다고 하겠다.

당시 燕의 남쪽경계에 있던 지명으로는 涿郡의 易縣과 容城 · 范陽이 거명되었다. 지금 하북성 중부 지역에 容城 · 易縣 이런 지명들이 그대로 보존되어 있다.

그리고 燕의 북쪽 경계로는 新成 · 故安 · 涿縣 · 良鄉 · 新昌 · 安次 등 비교적 많은 지명들이 거론되었는데, 지금 하북성의 중부에 위치한 容城과 易縣의 북쪽에서 涿州市 · 房山区 良鄉 · 廊坊市 安次區 · 固安縣 등의 지명을 발견할 수 있다. 당시 燕나라의 영토는 여기 거명된 지명들을 바탕으로 살펴보면 오늘 하북성 중부 지역을 중심으로 동서로는 길고 남북으로는 짧은 마치 누에와 같은 형태를 이루고 있었으며 전체 규모는 몹시 작았다. 오늘의 하북성을 삼등분하여 그 북부는 東胡가, 중부는 燕나라가, 남부는 趙나라가 차지하고 있었다. 당시 趙나라 영토는 북으로는 燕나라 남쪽 땅 容城 바로 아래쪽에 있는 하북성 高陽에서 시작하여 남쪽으로는 오늘날 하남성 동쪽 땅인 內黃에까지 이르렀다. 또 燕나라 영토의 남북의 길이는 趙나라 영토의 남북의 길이에 비해서 그 10분의 1일도 안 되었다고 할 수 있다.

그런데 이 자료는 "樂浪·玄菟도 또한 燕나라 땅에 속했다"라고 끝에서 말하고 있다. 저자가 이것을 기록하던 唐나라 시기는 朝鮮이 있던 그 자리에 漢나라의 樂浪·玄菟郡이 설치된 후였다. 그래서 이렇게 말한 것이다. 다시 말하면 전국시대의 朝鮮 땅도 또한 燕나라에 소속되었다는 표현이 되는 것이다.

燕나라 땅을 설명할 때 다른 지역에 대해서는 소유하다는 뜻의 '有'자를 쓴 데 반하여 樂浪·玄菟에 대해서는 소속된다는 뜻의 '屬'자를 사용한 것은 본래는 燕나라 땅이 아니지만 이것도 또한 나중에 포함되게 되었다는 것을 암시한다. 이는 樂浪과 玄菟는 燕나라가 본래 소유한 땅이 아니고 이상에서 열거한 地名들 이외에 따로 떨어져 있었다는 말이 되는데 그렇다면 樂浪과 玄菟는 어디에 있었을까. 여기서 말하는 樂浪·玄菟가 과연 燕나라에서 수천 리 떨어진 대동강 유역에 있는 樂浪·玄菟를 가리킨다고 말할 수 있는 것일까. 그것은 너무나도 어불성설이다.

여기서 말하는 樂浪·玄菟가 燕나라 땅에 포함되기 위해서는 燕나라에서 너무 멀리 떨어져 있으면 안 된다. 또 서쪽이나 남쪽에 있어서도 안 되고 燕나라 동쪽 漁陽·右北平·遼西·遼東의 부근에 있어야 한다.

앞에서 우리는 漁陽은 지금의 密雲縣이고 右北平은 지금의 薊縣이고 遼西는 지금의 盧龍이고 遼東은 지금의 玉田縣 일대에 해당한다는 사실을 살펴본 바 있다. 그렇다면 樂浪·玄菟가 위치한 곳은 어디인가. 바로 饒樂水와 白浪水의 중간지대 그리고 발해만 부근의 당산시·천진시·보정시 일대에서 찾아야 할 것이다. 전국시대에 7國이 처한 위치를 설명한 기록은 본 자료뿐만 아니라『前漢書』「地理志」를 비롯하여 여러 기록에 나온다. 기록은 대체로 동일하지만 약간의 차이는 있다. 예를 들어『唐開元占經』권 64에는 燕나라 땅에 樂浪·玄菟도 포함된다는 내용은 기록되어 있지 않다. 그러나 당시 燕國 뿐만 아니라 이웃 나라인 趙國과 齊國에 대해서도 이들 나라들의 동서남북 국경선에 있는 지명들을 열거하여 함께 설명하고 있으므로 이것들을 분석하면 燕國의 정확한 위치를 오늘에 그대로 복원해내는 일은 그리 어려운 일이 아니다. 燕國의 정확한 위치가 설정되면 그 동쪽에 있었던 樂浪·玄菟의 위치는 또한 자연히 밝혀지게 되는 것이다.

燕나라의 위치는 漢唐시대의 문헌에 명명백백하게 기록되어 있어 그것을 추적하면 樂浪·玄菟의 역사 사실을 밝히기가 그다지 어려운 일도 아닌데 지난 수백 수천 년 동안 제대로 밝혀지지 않고 미궁에 쌓여 있었던 이유가 무엇일까. 樂浪·玄菟가 중국 영토에 포함된 明清 이후 중국은 그와 관련된 漢唐시대의 자료들을 은폐하거나 호도하기에 급급하고 한국의 학자들은 사대사관과 식민사관에 눈이 멀어 역사를 자주적으로 해석하려는 의지가 부족했던 데 연유된 것이라고 하겠다.

> 자료 출전

『史記正義』「論例諡法解列國分野」

『史記正義』는 唐나라 때 역사학자 張守節이 지은 책으로 모두 30권이다.『史記正義』는『史記索隱』·『史記集解』와 함께『史記』의 三大 注釋書 중의 하나로 꼽힌다. 특히 저자는 地理에 조예가 깊었다. 따라서 저자가『史記正義』序文에서 "郡國城邑 委曲申明"이라고 밝힌 바와 같이『史記』의 다른 주석서에 비해 郡國 城邑의 지리적 방면에 대한 설명이 상세하다.

그러나 後人들이『史記』本文의 아래에 注釋을 散入하는 과정에서 다소 원래의 모습을 상실하였고 더욱이 明代에 이르러「集解」·「索隱」의 뒤에「正義」를 덧붙여『史記』監本을 만들면서 많은 부분을 삭제하여 본래의 모습을 완전히 상실하였다. 수십 자씩 脫字가 있는 곳이 한두 군데가 아니고 한두 글자 誤脫字가 있는 곳은 무려 1,000여 곳에 달한다.

『史記正義』에 이처럼 誤·脫字가 많이 발생되는 원인을 어디서 찾을 수 있을 것인가. 혹시 본서가 地理를 상세하게 설명하고 있어, 朝鮮·遼東·襄平 등 東夷의 고대 영토가 밝혀지는 것을 꺼린 명나라에서 의도적으로 이처럼 誤脫字를 많이 낸 것은 아닐까.

본서의 저자 張守節은 『史記』 三家注의 하나로 꼽히는 위대한 저작을 남겼음에도 지금 그의 행적은 별로 전해진 것이 없고 生卒年조차도 알 수가 없다.

『史記正義』 序文에서 저자가 "守節涉學 三十餘年"이라고 말하고 있는 점으로 미루어 보아 오랫동안 학문과 저술에 종사한 사실을 알 수 있고, 序文의 말미에 丙子 開元 24년 8월이라 기록한 것으로 보아 본서가 唐玄宗 開元 24년(736)에 완성된 것임을 짐작할 수 있다. 그리고 자신의 이름 위에 諸王侍讀宣義郎 守右淸道率府長史라고 밝히고 있어 唐나라 玄宗시기에 諸王侍讀 守右淸道率府長史라는 관직을 역임했음을 알 수 있다.

「論例」는 史例·字例 등을 論한 것이고 「諡法解」는 諡法을 해석한 것이며 「列國分野」는 列國의 分野에 대해 설명한 것이다. 張守節의 『史記正義』에는 앞부분에 「論例 諡法解 列國分野」라는 내용이 주석과 별도로 기재되어 있다.

제 18 장
청주 낙랑
靑州 樂浪

자료 역문

『禹貢長箋』권3

『周禮』「職方氏」에 "正東을 靑州라 한다. 그곳의 鎭山은 沂山이고 大澤은 望諸이고 河流는 淮水·泗水이고 灌漑할 수 있는 물길은 沂水와 沭水이다"라고 하였다. 周나라의 靑州는 실제「禹貢」의 徐州이다.

『通典』[1]에는 "靑州의 경계는 岱山으로부터 동쪽으로 密州를 지나고 東北쪽으로 海曲·萊州를 지나 바다를 뛰어넘어 遼東·樂浪·三韓의 땅을 분할하고 서쪽으로는 遼水에 이르렀다. 周나라에서는 徐州로써 靑州에 합쳐 그 땅이

---

1) 『通典』: 唐나라 때 杜佑가 편찬한 책으로 총 200권이며 貞元 17년(801)에 완성되었다. 食貨·選擧·職官·禮·樂·兵刑·州郡·邊防 8개 부문으로 분류 편찬하였다. 위로 黃帝·虞舜으로부터 아래로 唐天寶 말년까지를 대상으로 하였다. 五經·群史 및 漢·魏 六朝의 文集과 秦疏에서 널리 자료를 수집하여 歷代의 沿革에 대해 모두 기재하였기 때문에 唐나라 이전의 역사문화를 연구하는 데 크게 참고가 된다. 淸나라 때 『續通典』114권과 『淸通典』100권이

더욱 커졌다. 秦나라에서는 郡을 설치했는데 徐郡·瑯琊의 東쪽 지역과 遼東이 되었다. 漢武帝는 十三州를 설치하여 青州가 그 하나로 되었고 後漢과 晉·魏 시대에는 그것을 그대로 따랐다"라고 하였다.

『漢書』「地理志」에는 "周成王 때에 薄姑氏[2]가 四國과 함께 亂을 일으키자 成王이 그들을 멸망시켜 師尙父[3]에게 封하니 『詩經』「國風」에 나오는 齊나라가 이것이다.

편간되었는데 모두 杜佑의 『通典』을 모방하여 편찬된 것이다. 저자 杜佑는 字는 君卿으로 京兆 萬年(지금의 陝西省 西安) 사람이다. 唐玄宗 開元 23년 (735)에 태어나서 唐憲宗 元和 7년(812)에 78세로 서거하였으며 節度使와 宰相 등을 역임했다.

2) 薄姑氏: 蒲姑 또는 亳姑라고도 한다. 殷商시기 지금의 山東省 博興縣 東北쪽에 있던 東夷 國家의 諸侯이다. 『史記』「周紀」〈正義〉에 『括地志』를 인용하여 "薄姑古城이 青州 博昌縣(지금의 山東省 淄博市) 東北쪽 60리에 있다"라고 말하였다. 薄姑는 『左傳』「昭公九年」 條에서 "及武王克商 蒲姑 商奄 吾東土也"라고 말한 것에서 보듯이 西周 이전까지 商奄과 함께 東方에 있던 東夷 국가였다. 그런데 西周 이후 薄姑는 齊로, 商奄은 魯로 바뀌게 되었다.

3) 師尙父: 太公望 呂尙의 尊稱이다. 『詩經』「大雅」〈大明〉 "維師尙父"의 疏에 「劉向別錄」을 인용하여 "師之尙之父之 故曰師尙父"라고 하였다. 呂尙은 商朝 末年의 東海, 즉 오늘날의 山東省 사람으로 『呂氏春秋』에는 "東夷之士"로 기록되어 있다. 그러나 그는 西周 姬發이 牧野大戰에서 殷紂王을 멸망시키는데 있어 軍師로서 首功을 세웠다. 呂尙은 뛰어난 戰略家로서 周文王·武王·成王·康王 4대에 걸쳐 太師로서 西周建國의 일등공신이 되었으며 齊나라에 분봉되어 齊文化의 창시자가 되었다.

顏師古는 말하기를⁴⁾ "武王이 齊나라에 太公을 봉할 때는 薄姑의 땅을 얻지 못하였다. 成王이 그 지역을 추가해준 것이다"라고 하였다. 薄姑는 『左傳』에는 蒲姑로 되어 있다. 太公의 四世孫인 胡公이 營丘로부터 이곳으로 도읍을 옮겼다. 薄姑는 지금의 博興縣이고 營丘는 지금의 樂昌縣이다. 모두 青州府에 속해 있다.

齊나라 땅은 東쪽에 淄川·東萊·琅琊·高密·膠東이 있고 南쪽에 泰山·城陽이 있으며 北쪽에 千乘, 淸河 이남, 渤海의 高樂·高城·重合·陽信이 있고 西쪽에 濟南과 平原이 있으니 이곳이 다 齊나라 관할구역이다. 臨淄는 본래 명칭은 營丘이고 齊나라 수도이다. 발해와 岱山의 중간에 있는 하나의 都會이다"라고 하였다.

『後漢書』「郡國志」에 따르면 青州刺史 臨淄를 治所로 하였다. 部에 郡과 國이 6이니 濟南郡·平原郡·樂安郡· 옛 千乘郡으로 和帝가 고쳤다. 北海郡·東萊郡·齊國이다.

『通考』⁵⁾에 따르면 漢나라 때의 郡·國이 모두 12개이다.

---

4) 顏師古는 말하기를: 저자가 이 문장을 『前漢書』 권28 下에서 인용하였는데 거기에는 "師古曰 武王封太公於齊 初未得爽鳩之地 成王以益之也"로 기록되어 있다. '薄姑'는 '爽鳩'의 誤記라기보다는 저자가 일부러 변용해 쓴 것으로 여겨진다. 그 위 문장에 "少昊之世 有爽鳩氏 虞夏時有季萴 湯時有逢公柏陵 殷末有薄姑氏"라 기술되어 있어 동일한 지역에 대한 다른 명칭이기 때문에 爽鳩와 薄姑는 서로 변용해 써도 무방하다고 하겠다.

5) 『通考』: 元나라 때 馬端臨(1254~약 1324)이 편찬한 책으로 총 348권이다.

郡은 北海郡・濟南郡・文帝 때 國으로 되었다가 뒤에 다시 郡으로 되었다. 齊郡・瑯琊郡・동쪽지역이 이곳이다. 東萊郡・遼東郡・樂浪郡・玄菟郡이고 國은 高密國・文帝가 별도로 膠西國을 만들었는데 宣帝가 다시 高密國으로 만들었다. 膠東國・淄川國・城陽國이다. 城陽國은 莒를 治所로 하였는데 光武가 합쳐서 瑯琊國으로 만들었고 治所를 開陽으로 옮겼다. 또 菑川・高密・膠東 三國을 합쳐서 北海에 소속시켰다."

본서는 唐 杜佑의 『通典』에서 8개 부문으로 나눈 것을 19개 부문으로 세분화시키고 거기에 다시 經籍・帝系・封建・象緯・物異 5개 부문을 추가하여 모두 24개 부문으로 분류하여 편찬했다. 여기서 기술한 事蹟과 制度는 위로 上古시대로부터 아래로 南宋 寧宗 嘉定 末年에까지 이르렀다. 馬端臨은 시대를 알아서 변화에 적절히 대응한다는 "知時適變"을 특별히 강조했다, 따라서 "稽古以經邦" 즉 지난 역사의 경험을 살려서 그것을 국가경영에 활용하자는 것이 馬端臨이 본서를 저술한 직접적인 목적이었다고 할 수 있다.

본서는 특히 宋朝 制度에 관한 기술을 상세하게 하고 있어 『宋史』 각 志의 미비한 점을 보충하는 데 주요한 역할을 해준다. 馬端臨의 字는 貴與로 南宋 度宗 시기에 右相 兼 樞密使를 역임한 馬廷鸞의 아들이다. 馬端臨은 南宋이 멸망한 뒤에 은거하며 벼슬길에 나가지 않았다. 慈湖書院・柯山書院 등의 山長을 지내며 본서의 집필에 종사했는데 본서를 완성하기까지는 대략 20여 년이 소요되었다고 한다.

현재 流傳되는 본서의 최초 刻本은 元나라 泰定帝 연간에 西湖書院에서 간행된 것이다. 民國 연간에 上海商務印書館 萬有文庫에서 영인 간행했는데 1986년에 中華書局에서 目錄을 增補해서 다시 影印 出版하였다.

經部/書類/禹貢長箋/卷三

周職方氏 正東曰靑州 其山鎭曰沂山 其澤藪曰望諸 其川淮泗 其浸沂沭 周靑州 實禹貢徐州 通典 靑州之界 從岱山東歷宻州 東北歷海曲萊州 越海分遼東樂浪三韓之地 西抵遼水也 周以徐州合靑州 其土益大 秦置郡 爲徐郡 琅琊之東境 遼東 漢武置十三州爲靑州 後漢晉魏因之 漢地理志 周成王時 薄姑氏與四國共作亂 成王滅之 以封師尚父 詩風齊國是也 顔師古曰 武王封太公于齊 未得薄姑之地 成王以益之也 薄姑 左傳作蒲姑 太公四世孫胡公 自營丘徙都之 薄姑今博興縣 營丘今樂昌縣 俱屬靑州府 齊地 東有淄川東萊琅琊高密膠東 南有泰山城陽 北有千乘清河以南 渤海之高樂高城重合陽信

西有濟南平原 皆齊分 臨淄 本名營丘 齊都 海岱之間一都會也 後漢郡國志 青州刺史 治臨淄 部 郡國六 濟南平原樂安 故千乘郡 和帝改 北海東萊齊國 通考 漢時為郡國十二 郡則北海濟南 文帝時為國 後復 齊琅琊 東境是 東萊遼東樂浪玄菟 國則高密 文帝別為膠西國 宣帝更為高密 膠東淄川城陽 城陽國治莒 光武合為琅琊國 移治開陽 又合菑川高密膠東三國 屬北海

자료 해설

 이 자료는 오늘의 山東省 지역에 있던 고대 靑州가 역사적으로 어떻게 변천되어 왔는지 그 변천과정을 다룬 것이며 遼東·樂浪의 문제를 중점적으로 논의한 것은 아니다. 그러나 우리는 이 자료를 통해서 그동안 우리가 보고 듣던 것과는 전혀 다른 遼東·樂浪과 만나게 된다. 이 자료는 馬端臨의 『文獻通考』에서 고대의 靑州가 "漢나라 때는 郡·國이 12개였는데 郡은 北海郡·濟南郡·齊郡·瑯琊郡·東萊郡·遼東郡·樂浪郡·玄菟郡이었고 國은 高密國·膠東國·淄川國·城陽國이었다"라는 기록을 인용하고 있다. 이 내용을 이해하기 위해서는 먼저 郡·國 제도에 대한 설명이 필요하다.

 漢나라 초기에 劉邦이 秦王朝가 郡縣 제도를 시행하다가 결국 고립무원의 상태에 처해서 멸망한 것을 거울 삼아서 주위에 울타리가 될 王侯들을 널리 분봉하는 계책을 썼다. 앞서 '異姓 7國' 즉 韓·趙·楚·淮南·燕·長沙·梁을 異姓들에게 王으로 분봉해 주었는데 여기서 부작용이 발생하자 長沙王을 제외한 이들 異姓 6國을 소멸시키는 과정에서 다시 '同姓 9國' 즉 楚·荊·代·齊·趙·梁·

淮陽·淮南·燕 9國을 건립하여 郡과 國을 존립시키는 제도를 시행했다. 그 결과 漢나라 초기에 분봉된 王國들은 산하에 여러 개의 郡을 아울러 거느리는 일이 발생되어 중앙의 통치 권력을 엄중하게 위협하고 저해하였다.

『漢書』「地理志」의 기재에 의거하면 漢高祖는 본래 秦나라에서 설치했던 郡에다가 26개 郡을 추가로 설치하였는데(譚其讓의「漢百三郡國建置始考」에서는 漢高祖가 실제로 추가한 것은 19개 郡이라고 고증하였음) 그 중에 3분의 2의 郡은 諸侯王들의 國內에 있었다. 그러니까 諸侯의 王國들이 여러 郡을 한꺼번에 관할하고 있었던 것인데, 예를 들어 "吳王濞 같은 경우에는 4郡 50여 城을 관할했던 것이다. 따라서 漢나라 초기에는 60개 郡 중에서 同姓 9개 諸侯王國과 1개 異姓王國인 長沙國이 모두 40여 郡을 관할하였고 漢나라 황제가 직접 거느린 郡은 단지 15개 뿐이었다. 그 이후 文帝·景帝·武帝시대를 거치면서 여러 차례에 걸쳐 諸侯의 封國들에 대해 권력을 약화시키는 정책을 시행하여 諸侯王들이 그 나라를 직접 통치하지 못하도록 하였고 거기에 소속된 관리들은 모두 중앙의 天子에 의해서 파견되었다.

景帝 때에는 한 諸侯國이 단지 1개 郡만을 거느릴 수 있도록 제도화함으로써 이로부터는 王國과 郡이 행정구역상에서 동일한 지위에 처하게 되었다.

『漢書』「地理志」의 기재에 의거하면 西漢 말년에 이르러서는 郡과 國이 모두 합쳐 103개에 달했는데, 그 중에 京畿지구의 3개 郡 즉 三輔를 제외하고 80개 郡·20개 國이 있었다. 이때 大郡은 관하에 縣을 3개에서 50개까지도 거느린 반면 大國은 제일 많은 경우가 10여 개 縣에 불과했고 겨우 3·4개 縣만을 거느린 小國도 있었다. 이는 西漢 말년에 이르러서는 郡과 國이 비록 위상은 동일하지만 실제상에서는 郡이 크고 國이 작아졌다는 것을 의미한다.

오늘의 山東省 동쪽지역인 옛 齊나라 땅에 後漢의『郡國志』에서는 "郡·國이 6개가 있었다"라고 말하고『通考』에서는 "郡·國이 12개가 있었다"라고 말한 것으로 이 자료는 소개하고 있다. 바로 이와 같은 漢나라 초기부터 시행해 온 郡·國 병행 제도를 설명한 것이다. 그런데 우리가 漢나라 때 옛 齊나라 지역에서 시행한 郡·國 병행 제도에서 주목할 부분은『通考』에서 "郡·國이 12개가 있었는데 郡은 北海郡·濟南郡·齊郡·琅琊郡·東萊郡·遼東郡·樂浪郡·玄菟郡이 있었다"라고 하여 遼東郡과 樂浪郡·玄菟郡을 東萊郡과 함께 열거하고 있는 점이다. 東萊郡은 漢나라 시기 오늘날 山東省의 옛 登州와 萊州 지역에 설치했던 郡으로 萊州가 齊나라의 東쪽 지역에 있었기 때문에 東萊라고 이름 하였다. 처음에 治所를 지금의 山東省 掖縣에 두었다가 後漢 때는 지금의 黃縣 동남쪽으로 옮겼다. 여기서 東萊郡과 나란히 열거된 遼東郡이 만일 오늘 遼河 동쪽에 있던 遼東郡을 가리킨 것이라고 한다면 당시 행정구역상의 체계로 볼 때 전혀 부합되지 않는다. 어떻게 산동성 동쪽에 東萊郡이 있고 그 다음에 하북성 동남부와 遼西를 지나서 遼河 동쪽에 遼東郡을 설치할 수가 있겠는가.

따라서 여기서 말하는 遼東은 東萊郡과 이웃한 지역 오늘의 산동성 북단, 하북성 동남쪽 어딘가에 설치되어 있었다고 보는 것이 합리적인 견해가 될 것이다. 그리고 樂浪과 玄菟는 遼東郡과 이웃하여 더 동북쪽 방향으로 나가서 설치되어 있었을 가능성이 높다. 결국 이런 문제에 대한 근본적인 해답을 얻기 위해서는 오늘의 동북 遼寧省 遼河가 아닌 그보다 훨씬 더 西北쪽에 있으면서 옛 遼東郡의 어원이 되었던 遼河에 대한 연구와 고증이 필요하다고 하겠다.

자료 출전

『禹貢長箋』

　淸나라 때 江蘇 吳江 사람 朱鶴齡(1606~1683)이 지은 책으로 12권이다. 朱鶴齡의 字는 長孺, 自號는 愚庵이다. 일생 동안 벼슬은 하지 않고 밤낮으로 저술에 전념하였는데 다닐 때는 길을 알지 못하고 앉아 있을 때는 추위와 더위를 알지 못하여 남들이 어리석다고 말했으며 그래서 自號를 愚庵이라 했다고 한다.

　「禹貢」은 『尙書』의 중요한 篇目 중의 하나이다. 朱鶴齡이「禹貢」을 詮釋함에 있어서 맨 앞에 25圖를 나열하였다.「禹貢全圖」로부터 導山·導水에까지 이르렀으며 차례에 따라 해석하였다. 본서는 引證이 상세하고 창의적인 관점이 매우 많다. 山川·地理를 해석하는 데 있어서는 약간의 견강부회나 오류가 발견되기는 하지만 貢道와 漕河의 경유맥락에 대해서 분석한 것은 자못 조리를 갖추고 있다. 이 책은「禹貢」을 詮釋하는 데 있어 胡渭의 『禹貢錐指』에는

精密함이 못 미치지만 宋·元人의 저술에 비해서는 훨씬 앞서는 것으로 평가된다.

朱鶴齡은 78세까지 살았으며 생전에 많은 저서를 남겼다.『禹貢長箋』12권 이외에『讀左日鈔』14권,『春秋集說』22권,『詩經通義』20권,『易廣義略』4권,『尚書埤傳』17권,『愚庵詩文集』등을 남겼으며 모두 세상에 전한다.

제 19 장
귀주 낙랑
貴州 樂浪

> 자료 역문

『武經總要』「前集」권16 하
〈戎狄舊地〉

東京의 四面에 있는 여러 州들

…… 貴州: 옛 城이 사방으로 20리인데 曹魏[1] 시기에 公孫康이 웅거하고 있던 城이다. 漢나라 때 樂浪 등의 땅이다.

---

[1] 曹魏: 중국 漢朝 말기 蜀·吳와 함께 三國의 하나였던 曹氏의 魏國(220~265)을 말한다. 220년 曹조가 漢의 獻帝 劉協을 핍박하여 황제의 지위를 禪讓 받아 國名을 漢에서 魏로 고친 때로부터 시작해서 265년 魏가 또 司馬炎에 의해 簒奪당하여 國號를 晉으로 개정하기까지 존속했다.
　曹操는 생존 당시에는 황제를 자칭하지는 않았다. 다만 曹조가 황제를 자칭한 이후에 그를 추봉하여 魏太祖로 삼았다. 曹操는 또 魏武帝로 불려지기도 하는데 曹魏는 曹操를 포함하여 모두 6명의 제왕을 배출했다.
　曹魏는 三國 중에서 영토가 가장 넓고 인구도 가장 많은 강대한 국가였다. 그 영토는 中原 일대를 근거지로 한 데다 漢王室의 禪讓도 받았으므로 司馬光의『資治通鑑』에서는 三國 중에서 曹魏를 正統王朝로 간주했다. 그러나 朱熹의『通鑑綱目』에서는 劉備의 蜀을 正統王朝로 인정하였다.

[2] 生女眞: 중국 동북 지역에 거주하던 고대 민족의 명칭이다. 熟女眞과 生女眞으로 구분된다. 926년 遼太祖 耶律阿保機가 渤海를 멸망시키자 일부 女眞人들은

東·南·北은 다 生女眞²⁾지역이고 서쪽으로 瀋州³⁾까지는 80리이다.

渤海人을 따라 남쪽으로 옮겨 遼나라의 戶籍에 편입되었다. 이들을 熟女眞이라 칭한다. 그리고 遼나라 호적에 편입되지 않고 옛 땅에 그대로 머물러 살던 女眞人들을 熟女眞과 구별하여 生女眞이라 지칭했다.

3) 瀋州: 『元一統志』에서는 "渤海建瀋州 都督瀋定二州"라고 하였고, 『遼史』 「地理志」에는 "渤海建瀋州"라고 하였고, 『瀋陽縣志』에는 "唐仍挹婁地 睿宗時 渤海大氏置瀋州 瀋州之名 自此始"라 기록되어 있다.

『武經總要』「北蕃地理」에는 "瀋州 德光所建 仍曰昭德軍 契丹舊地也 東至大遼水 水東即女眞界 西南至東京一百三十里 北至雙州八十里"라 기록되어 있다.

여기서 德光은 遼太宗 耶律德光을 말하고 昭德軍은 遼代의 瀋州는 五京 중의 東京에 예속되었는데 軍名은 昭德이었음을 가리킨다. 遼代의 州는 節度 · 觀察 · 團練 · 防禦 · 刺史 5등급으로 분류하고 節度와 刺史는 또 上 · 中 · 下 3등급으로 나누었는데 瀋州는 中節度의 州이었다.

遼의 瀋州는 "契丹舊地 東至大遼水" 등의 기록으로 볼 때 渤海가 오늘의 瀋陽에 건립했던 瀋州와는 위치상에서 차이가 있었다.

자료 원문

子部/兵家類/武經總要/
前集卷十六下/戎狄舊地

東京 四面諸州
……貴州 古城 方二十里 曹魏時 公孫康所據城也
漢樂浪等地 東南北 皆生女眞界 西至瀋州八十里

자료 해설

　여기서 말하는 貴州는 오늘날 중국 남쪽의 雲南省 옆에 위치한 貴州省을 말하는 것이 아니다. 그런데 이 자료는 曹魏시기에 遼東郡을 차지하고 있었던 公孫康이 바로 이 貴州에 있는 古城을 웅거하고 있었다고 밝히고 있다.

　이 貴州의 지리적 위치를 설명하면서 서쪽으로 瀋州까지의 거리가 80리라고 하였는데 淸나라 때 楊同桂·孫宗翰이 편찬한 『盛京疆域考』에 의하면 遼나라 때의 瀋州를 설명하면서 "今承德縣治"라고 말하였다.

　淸나라 당시 承德縣의 治所가 곧 遼나라 때의 瀋州라는 설명인데 그렇다면 貴州는 지금의 承德市 부근에서 동쪽으로 80리가량 떨어진 곳에 있었다는 이야기가 된다.

　이 자료의 기록을 정리해 보면 지금의 하북성 承德市 동쪽에 위치하고 있었던 遼나라의 貴州 땅은 魏晉 시대에는 公孫康이 차지하고 있었고 漢나라 때는 樂浪郡 지역이었다는 내용으로서 이는 漢의 樂浪郡이 대동강 유역이 아니라 하북성 동북쪽 즉 遼西에 있었던 것을 증명하는 또 하나의 중요한 사료가 된다고 하겠다.

자료 출전

『武經總要』

北宋 仁宗 趙禎시기의 文臣 曾公亮(999~1078)과 丁度(990~1053)가 皇帝의 명을 받들어 4년 동안 공력을 들여 편찬한 책으로 중국 최초의 官撰 軍事 저작이다. 본서는 전집과 후집으로 나누어 구성되어 있으며 전·후집이 각 20권으로 총 40권이다.

전집은 軍事制度와 관련된 내용이 15권이고 邊防 관련 기록이 5권인데 16권과 18권은 각각 상·하권으로 분리했다. 후집은 전쟁 故事 관련내용이 15권이고 占候와 관련된 기록이 5권이다.

전집 20권은 宋代의 군사제도를 상세하게 반영했는데 選將用兵·敎育訓練·部隊編成·行軍宿營·古今陣法·通信偵察·城池攻防·火攻水戰·武器裝備 등을 모두 포괄하고 있다. 특히 營陣·兵器·器械 부문에서는 모두 상세한 揷圖를 곁들이고 있어 중국 고대 兵器史를 연구하는 데 매우 귀중한 자료가 되고 있다.

후집 20권은 역대 用兵의 故事를 수집 기록하여 적지 않은 고대 전쟁사례자료를 보존하고 있다. 또 여기서는 역대의 전쟁과 전쟁사례 그리고 用兵의 득실 등을 분석 평가하는 작업을 하였다. 본서는 군사이론과 군사기술 양대 부분을 포괄하여 비교적 높은 학술적 가치를 지니고 있다고 할 수 있다.

북송시대 전기에는 변경방위에 대한 수요가 컸다. 따라서 문무관원들에게 역대 군사정책과 군사이론에 대한 연구가 제창되었다. 중국 최초의 官撰 신형 兵書라 할 수 있는『武經總要』가 북송시기에 편찬된 것은 이런 시대적 배경과 관련이 없지 않다고 하겠다.

본서는 北宋 慶歷 연간(1041~1048)에 처음 간행되었고 南宋 紹定 4년(1231)에 重刊되었으나 宋刊本은 지금 전하지 않는다. 현재 전하는 版本으로는 明 弘治 · 正德 연간에 南宋 紹定本에 의거하여 重刻한 本, 明 弘治 17년(1504) 李贊의 刻本, 明 金陵書林 唐福春의 刻本,『四庫全書』本 등이 있다.

제 20 장
단궁 낙랑
檀弓 樂浪

> 자료 역문

『太平寰宇記』 권172 하 「朝鮮」 〈濊國〉

箕子朝鮮 사람들은 성격이 신중하고 嗜慾이 적으며 廉恥가 있다. 男女는 옷은 다 曲領[1]을 착용하고 男子는 銀花를 매다는데 넓이가 몇 치쯤 되며 이것으로 장식을 삼는다.

풍속이 山川을 중요시한다. 山川은 각각 部分이 있어 서로 간섭할 수가 없다. 同姓 끼리는 혼인을 하지 않는다. 忌諱하는 것들이 많고 질병이 나거나 사망하게 되면 곧바로 예전에 살던 집을 버린다.

삼을 심고 누에를 키우며 綿布를 만들 줄 안다. 또 자못 氣候와 星宿에 대한 이해가 있어 그 해의 풍년 들고 흉년 들

---

1) 曲領: 圓領이라고도 한다. 목 부위가 둥근 옷이다. 『急就編』 권2 顔師古 注에 "著曲領者 所以禁中衣之領 恐其上壅頸也 其狀闊大而曲 因以名云"이라 기록되어 있다.

것을 안다. 珠玉을 보배로 여기지 않는다. 또 호랑이를 제사 지내 神으로 모신다.

그 邑落에 侵犯하는 자가 있으면 번번이 서로 처벌하여 소나 말 같은 짐승을 가지고 배상하도록 하는데 이를 責禍[2]라고 한다. 그래서 도둑이 적다.

矛의 길이가 3丈이나 되어 혹은 몇 사람이 함께 그것을 들기도 한다. 步戰에 능하고 樂浪 檀弓[3]이 그 지역에서 나온다. 또 文豹가 많고 果下馬[4]가 있는데 높이가 3尺쯤 된다.

---

[2] 責禍: 사건을 발단시킨 사람을 처벌하는 것을 말한다. 이와 관련된 기록은 『後漢書』「東夷傳」〈濊〉 條에도 다음과 같이 나온다. "邑落有相侵犯者 輒相罰 責生口牛馬 名之為責禍"

[3] 檀弓: 檀弓은 박달나무로 만든 정교한 활로서 朝鮮의 특산물이었다. 그래서 중국에까지 그 이름이 널리 알려져 있다.『後漢書』「東夷傳」에도 "樂浪檀弓 出其地"라는 기록이 나온다.

[4] 果下馬: 果下馬는 터럭이 褐色이고 높이는 3尺, 길이는 3尺 7寸쯤 되는데 체중은 100근 가량 나간다. 하지만 이 말은 1,200근에서 1,500근 나가는 무거운 화물을 운반할 수가 있다.
　성격이 부지런하고 힘을 아끼지 않으며 또 미끄러운 언덕을 잘 달린다. 그래서 이 말은 동물 진화에서 드물게 보는 현상으로 평가된다. 말의 체격이 작아 과일나무 아래에서도 타고 다닐 수가 있기 때문에 果下馬라고 이름을 붙였는데 이 말은 많이 구할 수가 없기 때문에 그 값이 몹시 비쌌다. 朝鮮이 原産地였는데 朝鮮과 교류가 빈번하였던 兩漢시기에 果下馬와 檀弓이 중국에 수입된 것으로 보인다.

그 바다에서는 班魚皮가 나온다. 漢나라 때는 두려워서 그것을 바쳤다.[5]

---

[5] 두려워서 그것을 바쳤다: 『後漢書』「東夷列傳」〈濊〉條에는 "樂浪檀弓出其地 又多文豹 有果下馬 海出斑魚 使來皆獻之"라 기록되어 있다. 그리고 『三國志』의 濊에 관한 기록에는 다음과 같이 기록되어 있다. "樂浪檀弓出其地 其海出斑魚皮 土地饒文豹 又出果下馬 漢桓時獻之."

> 자료 원문

史部/地理類/總志之屬/太平寰宇記/
卷一百七十二下/朝鮮

濊國 土俗物産

箕人性謹愿 少嗜慾 有廉恥 男女衣 皆著曲領 男子
繫銀花 廣數寸以為飾 俗重山川 山川各有部分 不
得輒相干涉 同姓不婚 多所忌諱 疾病死亡 即棄舊
宅 知種麻養蠶作綿布 又頗曉氣候星宿 先知年歲豐
約 不以珠玉為寶 又祭虎以為神 其邑落 有侵犯者
輒相罰 責生口牛馬 名之為責禍 少寇盜 作矛長三
丈 或數人共持之 能步戰 樂浪檀弓 出其地 又多文
豹 有果下馬 高三尺 其海出班魚皮 漢時怕獻之

자료 해설

이 자료는 기자조선 사람들의 성격에 대해 "신중하고 욕심이 적으며 염치가 있다"라고 말하고 있다. 그동안 우리 국민은 일제 35년과 민족분단을 겪으며 일부 좋지 않은 국민성이 형성된 것도 사실이다. 그러나 우리의 민족성은 어느 민족보다도 위대한 성격을 지니고 있다는 사실을 이 자료는 설명해 주고 있다.

그리고 "珠玉을 보배로 여기지 않는다"는 내용도 우리 민족의 성격적 특성을 잘 나타내 주는 대목이다. 중국의 漢族들은 정초에 인사를 나눌 때도 "恭禧發財"라고 말한다. 재물운이 발동하여 부자가 되기를 기원한다는 뜻이다. 여기에 漢族들의 財物을 보배로 여기는 정신이 잘 나타나 있다고 하겠다.

그러나 우리 민족은 국조 단군의 '弘益人間 理化世界'라는 건국이념에서 보듯이 재물보다도 도덕과 진리를 귀하게 여겼고 그러한 정신이 珠玉을 보배로 여기지 않는 민족의 성격으로 나타났던 것이라고 하겠다.

그리고 이 자료에서 우리의 상고사와 관련해서 주목할 대목은 "호랑이를 제사 지내서 神으로 모셨다"라는 기록이다. 호랑이 이야기는 곰과 함께『三國遺事』「古朝鮮」條에 나온다. 그런데 여기서의 곰과 호랑이는 실제 이들 동물을 지칭하는 것이 아니라 이를 토템으로 신앙했던 민족을 지칭한 것이다. 그렇다면『三國遺事』「古朝鮮」條에 보이는 호랑이 이야기는 바로 이 자료에서 말하는 "호랑이를 제사지내 神으로 모셨다"는 濊國의 민족을 지칭한 것은 아닐까.

그리고 檀弓은 古朝鮮의 특산물로서 중국이 수입해갈 만큼 유명한 활이었다. 그래서 樂浪 檀弓에 관한 기록은 본 자료 이외에『後漢書』「東夷列傳」과『三國志』등 여러 문헌에 보인다.

그런데 朝鮮의 檀弓은 다른 지역에서는 생산되지 않고 樂浪 지역에서만 생산되었다. 樂浪은 檀弓의 생산지이기 때문에 대동강 유역이 고조선의 樂浪이 되기 위해서는 그 지역에 박달나무가 많이 자생하고 또 그것을 가지고 활을 만들었던 역사와 전통이 그 지역에 전승되어야 한다. 그러나 오늘날 대동강 유역에서 박달나무가 활을 만들 만큼 많이 자생한다는 이야기를 들어본 일이 없고 또 대동강 유역에서 檀弓이 만들어졌다는 역사 기록을 본 일도 없다. 그렇다면 대동강 유역의 낙랑은 그 유명한 樂浪 檀弓의 고장 고조선의 樂浪이 아닌 것이 분명하다. 樂浪 檀弓에 관한 기록은 遼西朝鮮의 樂浪에 관한 문제를 풀 수 있는 중요한 열쇠가 여기에 있다고 본다.

그리고 우리 國祖 檀君은 太伯山 檀木 아래에 내려왔다고 기록되어 있어 檀君과 檀木은 불가분의 관계가 있다. 대동강 유역에서 檀君이 내려왔다는 檀木을 찾을 수가 있는가. 遼西朝鮮에는 檀木이

특별히 많이 자생하는 산이 있었을 것이고 그곳에는 수천 년의 세월을 이고 서 있는 오래된 古檀木이 있었을 것이며 檀君은 그 檀木 아래에서 첫 둥지를 틀었을 것이다. 그리고 그 곳에 자생하는 檀木으로 檀弓을 만들어 안으로 朝鮮의 민족을 보호하고 밖으로 외적의 침입을 막아 냈을 것이다. 따라서 樂浪 檀弓에 관한 기록은 檀君朝鮮·遼西朝鮮의 역사를 복원하는 데 결정적인 참고가 될 수 있는 아주 귀중한 자료라고 하겠다.

『明一统志』에는 "白檀縣의 폐현이 밀운현에 있는데 남쪽에는 백단산이 있다(白檀廢縣 在密雲 南有白檀山)"라는 기록이 나온다. 옛 백단현의 남쪽 지금의 북경시 밀운현 남쪽에 백단산이 있다. 여기 보이는 白檀山의 白檀은 우리말 '밝달'의 한자표기일 가능성이 높다.

북경시 밀운현에서 남쪽으로 약 12킬로미터 떨어진 곳에 위치한 백단산은 산의 남쪽에 온통 밝달나무로 가득하다. 날씨가 맑아 햇볕이 좋은 날은 온 산의 밝달나무들이 햇볕을 받아 광채를 발산하여 독특한 경관을 형성한다. 이 풍경이 장관을 이루기 때문에 "白檀晴光"은 "密雲八景" 즉 밀운현의 여덟 곳 풍경명승지 가운데 하나로 꼽힌다.

몇 년 전 필자는 이 백단산에 수천 년 된 밝달나무가 있다는 기록을 접하고 현장을 확인하기 위해 그곳을 직접 답사한 일이 있다.

사람들로부터 산 정상에 그런 밝달나무가 존재한다는 사실은 확인하였으나 워낙 길이 험해 선뜻 길을 안내하겠다고 나서는 사람이 없어서 현장을 확인하는 데는 실패하였다. 그러나 그 지역에는 백두산 천지와 이름이 같은 천지가 있고, 또 이 지역은 바로 옛 朝鮮河로 알려진 현재의 潮河의 상류에 위치하고 있다. 산 이름이나 위치 또 밝달나무가 많이 자생하고 있는 것 등 여러 가지 정황으로 미루어 볼 때 이 하북성의 백단산이 바로 밝달나무로 만든 활이 생산되던 낙랑 단궁의 산지가 아니었을까 하는 생각을 해보게 된다.

淸나라사람 納蘭性德의 『詩詞全集』下에는 백단산을 두고 지은 다음과 같은 七言絕句의 시가 실려 있다.

白檀山下水聲秋, 地踞潮河最上流
日暮行人尋堠馆, 涼砧一片古檀州.

이 시에는 백단산이 潮河의 상류에 위치하고 있고 또 이 지역은 옛적에는 檀州로 불리던 지역이었다는 내용이 담겨 있다. 朝鮮河의 상류, 옛 檀州에 위치한 白檀山 즉 우리말 밝달산은 檀君朝鮮, 그리고 그 조선의 名弓인 樂浪 檀弓과는 불가분의 관계가 있다고 하겠다.

> 자료 출전

『太平寰宇記』

　본서는 宋나라 때 樂史(930~1007)가 편찬한 地理總志로 총 200권이다. 樂史의 字는 子正으로 撫州 宜黃(지금은 江西에 속함) 사람이다. 처음에는 南唐에서 벼슬하였고 송나라에 들어와서는 知州·三館編修·水部員外郞 등을 역임했다.

　宋太宗 太平興國 4년(979) 宋나라가 北漢을 멸망시키고 五代十國의 분열국면을 마무리 지었는데 기존에 있던 지리지인『元和郡縣志』는 그 내용이 너무 간략했고 또 唐末 五代 분열시기에 지명이 바뀐 곳도 많았다. 이에 樂史는 본서의 편찬에 착수하여 여러 해 동안 노력을 거친 끝에 완성하였다.

　송태종 태평흥국 연간(976~983)에『元和郡縣志』를 이어서 편찬된 본서는 현존하는 지리총서 가운데 비교적 시기가 빠르고 완전한 책으로 평가된다.

본서의 앞부분 171권은 송나라 초기에 설치된 河南·關西·河東·河北·劍南西·劍南東·江南東·江南西·淮南·山南西·山南東·隴右·嶺南 등 13道에 의거하여 각 州府의 沿革·領縣·州府境·四至八到·戶口·風俗·姓氏·人物·土産 및 소속 각 縣의 개황, 산천 湖澤·古蹟 要塞 등을 나누어 기술하였다.

당시에 幽·雲 16州는 비록 宋朝의 판도에 들어있지는 않았지만 아울러 기술함으로써 장차 회복하겠다는 의지를 분명히 하였다.

13도 이외에는 또 '四夷'라는 항목을 따로 설정하여 여기서 주변의 각 민족들에 대해 29권으로 기술했다.

『太平寰宇記』는 역대의 史書·지리지·문집·碑刻·詩賦 등 광범위한 자료를 널리 인용하고 있는데 고증이 비교적 정확하다는 평가를 듣는다. 四庫의 館臣은 "지리서의 기록이 이 책에 이르러 비로소 상세하게 되었고 체제 또한 이 책에 이르러 크게 변화되었다"라고 하였다.

본서에는 지금은 이미 유실되고 전하지 않는 진귀한 사료들이 다수 포함되어 있어 漢代에서 宋代까지, 특히 唐과 五代 十國史를 연구하는 데 매우 중요한 가치를 지니고 있다.

그리고 『太平寰宇記』는 宋朝 다수 州郡의 主戶와 客戶의 戶口 통계는 물론 주변 다른 민족들의 戶口 숫자까지도 기록하고 있어 송나라 초기 주변 각 민족의 인구 분포와 경제 상황을 이해하는 데 크게 참고가 된다.

부록

낙랑 논쟁 관련 기사

- 부록 1: 미 상원외교위 보고서 속 동북아역사재단 주장 내용의 심각한 파장

  출처 : 다음카페 한류열풍 사랑 / 지천태

  2013-02-08

- 부록 2: 동북아역사재단 상고사 토론에 문 연다

  출처 : 경향신문 임아영 기자 layknt@kyunghyang.com

  2014-03-13

- 부록 3: 끙끙 앓는 동북아역사재단

  출처 : 서울신문 오상도 기자 sdoh@seoul.co.kr

  2014-03-24

부록 I

미 상원외교위 보고서 속 동북아역사재단 주장 내용의 심각한 파장
출처 : 다음카페 한류열풍 사랑 / 지천태 / http://cafe.daum.net/hanryulove

미 상원외교위원회 보고서 '한반도 역사' 관련 보고서 발간 (12.31)

지난해 10월 '고구려와 발해가 당나라의 지방정권'이라는 중국의 일방적인 주장을 담은 중국측 자료를 인용한 보고서를 미 의회조사국이 발간할 것으로 알려진 뒤 우리 정부와 역사 학계에서는 그동안 우려를 제기해왔는데요. 2012년 마지막 날(12/31) 이 보고서는 발간되었고 전 세계에 공개되었습니다. '한반도 통일에 대한 중국의 영향과 상원에 제기하는 문제'라는 제목의 보고서는 총 80쪽 분량으로 14쪽의 본문과 4개의 부록으로 구성되어 있습니다. 부록에는 중국의 입장을 담은 메모는 15쪽 분량으로 들어 있고 우리나라를 대표한 동북아역사재단의 반박 내용은 20쪽 분량으로 지도와 같은 설명자료도 같이 담겨 있습니다.

미 의회조사국 보고서 요약

▶보고서 제목 : 한반도 통일에 대한 중국의 영향력과 상원에 제기되는 문제점
China's impact on Korean Peninsula unification and questions for the Senate
▶다운로드 : http://dok.do/JFd3iV
▶발간일 : 2012년 12월 31일
▶보고서 구성 : 84쪽
(14쪽의 본문과 4개의 부록)
▶보고서 내용 특이사항 :
• 두 번째 부록 :
　미국의 동북공정 내용 담은 CRS의 메모(15쪽)
• 세 번째 부록 :
　(문제의)동북아역사재단의 반박 내용 (지도포함)

보고서 내용의 핵심 : 북한 영토에 대한 중국의 영유권 주장

> LETTER OF TRANSMITTAL
>
> When we consider the possible unification of the Korean Peninsula at some time in the future, the German model of unification often comes to mind. The purpose of the attached report is to alert Members that another outcome is possible.
> 미래의 어느 시점에 가능할 수 있는 한반도 통일에 대한 생각해 볼때 독일 모델을 떠올릴 것이다. 이 보고서의 목적은 다른 결과가 가능하다는 것에 대한 경고이다.
>
> For historical perspective, Senate Foreign Relations Committee staff obtained information about Chinese claims that parts of the Korean Peninsula were historically part of China, and South Korean assessments about those claims.
> 역사적 관점에서, 상원 대외관계위원회는 한반도가 역사적으로 중국의 일부였다는 중국의 주장과 이 주장에 대한 한국의 입장에 대한 정보를 입수했다.

미 상원 외교위원회는 지난달 31일(현지시간) '한반도 통일에 대한 중국의 영향'이란 보고서를 발표하며 "**북한 영토에 대한 중국의 영유권 주장과 중국의 북한 내 경제적 영향력 확대는 한반도 통일을 막는 요인이 될 수 있다**"고 지적했다.

보고서는 "통일의 단초가 남북관계 개선이든, 북한 내 격변상황이든 **중국은 통일과정을 관리하거나 막으려 할 수 있다**"며 "중국이 북한 내 자산을 지키고 한반도 북쪽에 대한 권리를 주장하며 역내 안정을 확보한다는 이유로 자신들의 행동을 정당화하려 할 것"이라고 밝혔다. 보고서는 또 "중국의 북한 광산 투자는 향후 중국이 북한 내 천연자원 접근권을 주장하는 근거가 될 것"이라고 덧붙였다. 리처드 루거 상원의원(공화)은 보고서에서 "**한반도 통일을 생각할 때 보통 동서독 통일을 떠올리지만 다른 결과가 빚어질 수도 있다**"고 말했다.

(美의회 "中, 한반도 통일 걸림돌"| 아시아경제 2013-01-02)

중국 측의 주장의 핵심이 들어 있다

> Jiang makes no bones about his position that the Gaogouli/Koguryo Kingdom was Chinese. It was "an ancient local regime of our country whose people were mainly ethnic Han migrants," he writes. He adds, "Because of geography, their economy and culture could not keep pace with the interior. Gradually, they became indigenized and the central plains dynasties came to see them as Yi and Di tribes."
>
> 지앙(창춘 사범대학 동북아시아 연구소)은 고구려가 중국의 땅이었다는 사실을 개의치 않고 말한다. 그는 "주로 한나라 이주민에 의해 건설된 지방정권이었다"라고 썼다. 왜냐하면 지정학적으로 그들의 경제와 문화는 그들 내부에 의해서 발전될 수 없었다.(한나라에 의해 유입된 경제 문화로 발전했다.) 점차적으로 그들은(이주민) 토착화 되고, 동이족으로 보게 되었다.

Jiang makes no bones about his position that the Gaogouli/Koguryo Kingdom was Chinese. It was "an ancient local regime of our country whose people were mainly ethnic Han migrants," he writes. He adds, "Because of geography, their economy and culture could not keep pace with the interior. Gradually, they became indigenized and the central plains dynasties came to see them as Yi and Di tribes."

지앙(창춘 사범대학 동북아시아 연구소)은 **고구려가 중국의 땅이었다는 사실을 개의치 않고 말한다. 그는 "주로 한나라 이주민에 의해 건설된 지방정권이었다"라고 썼다. 왜냐하면 지정학적으로 그들의 경제와 문화는 그들 내부에 의해서 발전될 수 없었다.** (한나라에 의해 유입된 경제 문화로 발전했다.) 점차적으로 그들은(이주민) 토착화되고, 동이족으로 보게 되었다.

[코멘트] 고구려가 중국 땅이라는 주장도 역시 한사군 在한반도설에서 비롯된다는 것을 알 수 있다. 이는 우리 스스로가 한사군 在한반도 설에 힘을 실어줄 경우에는 고구려까지 그들의 지방정권이라는 것을 인정해주는 꼴이라는 것을 알 수 있다.

대한민국의 입장을 대변한 동북아역사재단

The Northeast Asia History Foundation in Seoul greatly assisted by providing South Korea's view of China's historic claims. 서울의 동북아역사재단은 중국의 주장에 대한 남한의 입장을 제공함으로서 크게 도움을 줬다.

이 문서의 심각성은 동북아역사재단의 대한민국 입장 대변 글에 있다
: 중국의 북한 영토에 대한 역사적 근거 주장과 일치한 주장을 우리가 한다면 어떻게 되는가?

이 보고서는 북한의 급변 사태 시(내부혼란, 전쟁 등)에 중국이 개입하여 북한 영토에 쳐들어와 '북한 땅은 본래 역사적으로 중국 땅이었다고 주장할 근거'가 있는지를 정리하고 있습니다. 이것이 본래 중국 동북공정의 목적 중 하나입니다.

그래서 대부분 언론은 '중국의 한반도 역사에 대한 주장' 부분에 초점을 맞추고 있습니다. 그러나 심각한 것은 우리 측을 대변하는 동북아역사재단의 주장에 아주 심각한 문제가 있습니다. 우리 측 대변인 역할을 하는 **동북아역사재단이라는 단체의 반박자료에는 나라를 팔아먹을 수 있는 심각한 주장이 실려 있는 것입니다. 동북아재단의 중국 주장에 대한 반박 자료는 중국의 영토주장에 부합하는 중국에 이로운 자료였습니다.** 부록의 세 번째에 있는 동북아역사재단의 지도와 글은 중국의 동북공정을 뒷받침해주기 충분한 (?) 내용을 담고 있었습니다.

[보고서 속의 동북아재단 주장 1]
한나라는 고조선을 멸망시키고 한사군을 한반도 북부에 설치했다

〈보고서 56쪽 : 한사군(Four Han Commanderies)을 현 북한 지역에 설치했다는 내용의 동북아역사재단 측의 설명, 한사군 자막 표시와 박스 표시는 원래 없으나 표시한 것임〉

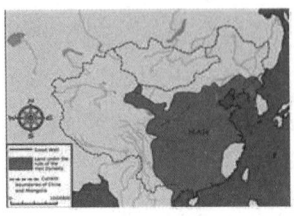

한나라가 고조선을 멸망시키고 그 자리에 사군을 설치했다는 내용만으로도 중국은 북한 영토에 대한 역사적 근거를 가지게 됩니다. (물론 이는 일제 식민사관의 핵심이기도 합니다. 과거 한민족의 역사는 식민지의 역사였다. 한사군이 한반도 북부를 차지했고 임나일본부가 한반도 남쪽을 경영했다는 논리가 일제식민사관의 프레임입니다. 그러나 실제로는 한사군이 한반도 內에 존재했다는 것은 그 어느 당대 문헌상에도 제대로 찾아볼 수 없으며 낙랑군에 속한 25개 현 중 단 하나의 현이라도 한반도에 똑같은 지명이 없습니다. 전부 요동, 요서쪽에서 나타납니다. 일제가 조작한 낙랑 유물로만 남아 있을 뿐입니다.)

결국 우리는 전 세계 한국사 왜곡 교과서에 시정 요청을 할 수 없습니다.

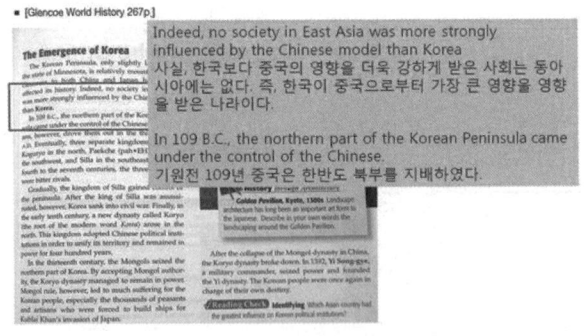

Glencoe World History 267쪽 세계사 교과서

Glencoe World History 267쪽 세계사 교과서

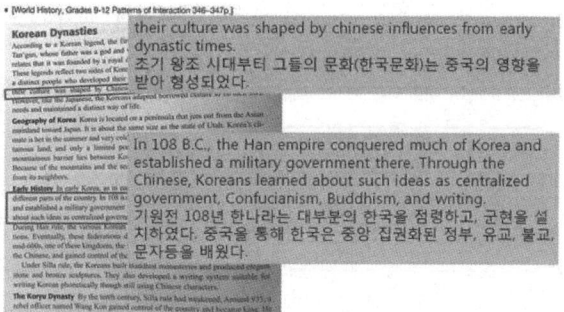

이렇게 되면 전 세계 교과서에 퍼져 있는 한반도를 점령한 한나라 지도는 역사적 진실이 되고 말며 **위와 같은 내용에 대해서 수정을 요청할 수가 없다.** 위 내용이 정말 맞게 되는 것입니다.

결국 우리는 영토전쟁으로 이어질 수밖에 없는 동북아 역사전쟁에서 이미 패배하고 있는 것입니다. 남북통일은 기대할 수 없을지도 모릅니다. 그런 상황이 온다고 해도 중국이 역사적 근거(?)를 토대로 북한을 점유하려 들 테니까요.

중국은 북한 영토가 자기네 땅이었다는 역사적 근거를 동북아역사재단의 지도와 글을 통해서 큰 힘을 받게 되었습니다.이런 어처구니 없고 비극적인 일이 이 땅에서 버젓이 일어나고 있습니다.

[보고서 속의 동북아재단 주장 2]
고조선의 강역을 본래보다 축소시켰다.
: 국사 교과서의 고조선 강역과도 일치하지 않은 지도를 들이밀다.

보고서 54쪽에 들어 있는 지도입니다.

보고서 56쪽의 지도 (동북아역사재단 설명 부분)입니다. 엄연히 실제로 고조선 대표유물인 비파형 동검이 다량 출토된 지역을 없애고 영토를 축소하였습니다.

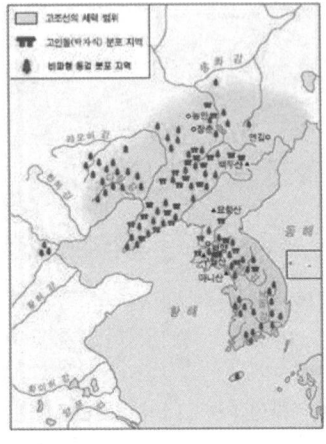

대부분의 중고등 국사교과서에 실린 고조선의 영역입니다.
(동북아역사재단 홈페이지에도 나와 있습니다. http://dok.do/OYkkcT 홈페이지 설명글 속에 있는 고조선 지도이므로 위 지도는 그동안 동북아역사재단의 공식적인 고조선 영토로 그려놓은 지도라고 볼 수 있습니다.)
물론 이 영토 강역의 경우도 잘못된 지도이긴 합니다만, 미 상원 보고서에서 설명된 자료는 이보다도 훨씬 고조선 영토를 축소하여 그려놓고 있습니다.

[보고서 속의 동북아재단 주장 3]
고조선과 한나라의 경계인 패수를 압록강이다라고 단정하였다.

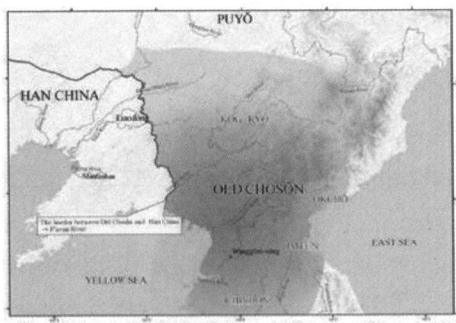

MAP 2: THE CLASH BETWEEN OLD CHOSŎN AND CHINA (196 BCE)

[노란 박스 부분 글]
The border between Old Chosen and Han China -〉 Paesu River
(패수)

Map 2 depicts Qin China's borders before the collapse of Old Chosŏn in 108 BCE. P'aesu, generally considered to be the present-day Amnok River, formed the border between Old Chosŏn and Han China.

패수가 지금의 어디인가를 밝히는 것은 한국고대사 체계를 바르게 정립하는 데 절대적인 판단의 기준이 됩니다. 물론 이 부분에서 동북아재단 측은 generally considered 라는 표현을 쓰면서 중국 측에 유리한 해석을 우리 스스로 내 놓은 것입니다.

[보고서 속의 동북아재단 주장 4]
한사군의 중심지 낙랑군이 410년 동안 평양, 대동강 유역에 있었다?

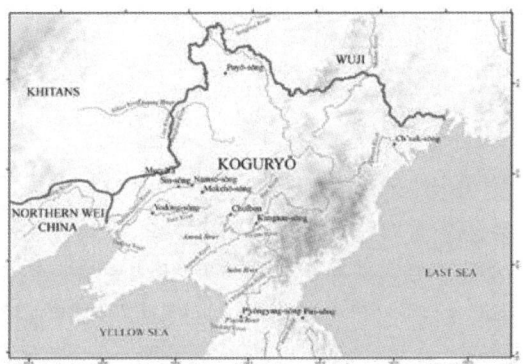

Map 5 shows the border with China at the time of Koguryŏ's greatest expanse. Koguryŏ restored the territory of Old Chosŏn by expelling the Nangnang (C. Lelang) Commandery in 313 and the Taebang (C. Daifang) Commandery in 314. During the reign of King Kwanggaet'o (r. 391–412), Koguryŏ's western border reached the Liao River. Later, Koguryŏ conquered Puyŏ (C. Fuyu) in the Nongan (C. Nongan) area and constructed the Puyŏ fortress. Its northernmost border was thus established. Koguryŏ maintained this border until defeated in war in 668.

앞서 낙랑군이 고조선 멸망후인 BC 108년에 평양, 대동강 유역에 설치되었다고 주장했고 이번 5번 지도에서 낙랑군이 고구려에 의해 313년에 쫓겨났다고 얘기하고 있습니다. 이는 낙랑군이라는 한나라 식민지가 평양,대동강 유역을 410년 동안 지배했다는 주장이 됩니다. 중국 역사를 통틀어 400년 이상을 존재한 국가 자체가 없습니다. 그런데 나라도 아닌 식민지라 하는 낙랑군이 400년이상을 존속했다는 것 자체가 상식적으로 말이 될 수가 없습니다. (그동안 중원의 본국은 5번의 국가 변천이 있었습니다) 이렇게 우리 스스로 말도 안 되는 주장을 함으로 무엇을 얻게 되는 것일까요?

중국의 한나라는 AD 313년까지 한반도 북부를 지배했다는 것이 됩니다. 게다가 그 지배기간 동안 중국문화가 숱한 분야에서 영향을 미쳤다는 그네들의 주장이 합리화가 됩니다. 또한 중국 역사가가 주장하듯이 고구려가 한나라의 영향을 받아서 생겨난 정권이라는 그들의 논리도 먹히게 되는 것입니다.

| 부록 2 |

경향신문

동북아역사재단 상고사 토론에 문 연다

임아영 기자 layknt@kyunghyang.com
출처 경향신문 입력 : 2014-03-13

관련 연구 소홀 지적 … 비주류 학자 강연회 등 개최
역사 단체들 "고대사 서적 식민사학 관점 답습" 규탄

동북아역사재단(이사장 김학준)이 상고사 연구에 문호를 개방했다. 재야 사학계와 정치권으로부터 중국의 동북공정에 대응한다는 설립 취지와 달리 상고사 연구에 소홀하다는 지적을 받아온 재단은 토론회를 개최하고 연구 인력도 늘리기로 했다. 한편 일부 역사 관련 단체들은 더욱 전향적인 입장 변화를 촉구하고 나섰다.

재단은 상고사 분야의 주류 학설과 의견을 달리하는 학자들을 초청해 이달부터 강연회와 토론회 등 관련 행사를 열고 있다. 지난 12일에는 박성수 한국학중앙연구원 명예교수가 '한국 상고사와 환단고기'를 주제로 강연한 데 이어 오는 21일에는 신용하 서울대 명예교수가 '고조선 문명의 형성과 한강 문화'에 관해 강연할 예정이다. 5월13일에는 '한국 상고사에 대한 다양한 인식'을 주제로 박성수 교수, 최기호 몽골 울란바토르대 총장 등이 참석하는 '제1회 상고사 대토론회'가 열린다.

김학준 이사장은 "재단은 상고사와 관련해 어느 한쪽을 지지하거나 배격할 것이 아니라 열린 마음으로 다양한 해석에 진지하게 귀를 기울여 접점을 찾는 시도를 본격적으로 할 것"이라고 말했다.

재단은 중국의 동북공정에 대응할 상고사 연구 인력이 부족하다는 비판을 받아왔다. 지난해 10월 국회 국정감사에서 민주당 배재정 의원은 "2012년 7월 발견된 중국 지안 고구려비 문제도 1년이 지나도록 중국 박물관에 전시된 관련 연표나 안내문의 내용조차 온전히 입수하지 못했다"고 재단을 비판했다. 연구원 42명 가운데 고대사(삼국시대) 전공자는 8명이지만 상고사 전공자는 아예 없다. 재단은 이에 따라 올해 고대사·상고사를 연구하는 인력 2명을 임용, '상고사 특별대책반'을 구성할 계획이다.

이런 가운데 역사 관련 단체들은 상고사에 대한 재단의 인식이 식민사학의 관점을 답습한다고 비판의 수위를 높이고 있다. 사학자이자 저술가인 이덕일씨가 대표인 한가람역사문화연구소, 우당 이회영기념사업회, 의암 손병희선생기념사업회 등 8개 단체는 오는 19일 국회 의원회관에서 '조선사편수회의 후신을 자처하는 동북아역사재단을 규탄한다'는 제목의 토론회를 연다.

이들은 재단이 지난 1월 미 하버드대 한국학연구소의 'Early Korea Project'를 지원해 영문으로 출간한 고대사 관련 책 2권 가운데 〈The Han Commenderies in Early Korea History(한국 고대사 속의 한사군)〉를 문제 삼고 있다. 재단은 "이 책이 기원전 108년 한 무제에 의해 설치된 한사군에 대한 최신 연구 성과를 서구 학계에 소개한다"고 설명하는 반면, 이덕일 소장은 "지도와 사진 모두 조선총독부 논리를 그대로 실었는데 어떻게 다양한 이론을 소개하는 것이냐"고 반박하고 있다. 그는 "〈사기〉〈후한서〉 등 중국 고대 사료에는 만주 서쪽에 한사군이 있었던 것으로 나온다"며 "재단이 지원한 책은 한강 북쪽에 한사군이 있었다는 조선총독부 산하 조선사편수회의 역사관을 되풀이한다"고 지적했다.

이에 대해 홍면기 재단 정책기획실장은 "한사군의 위치는 한반도 북부설, 한반도 바깥설 등 다양한 주장이 있고 아직 많은 영역이 연구과제로 남아 있다"며 "이 책은 다양한 주장을 소개했을 뿐 결론을 내리지 않았다"고 해명했다. 또 "학술적 영역에서 논쟁해야지 이 문제가 자칫 중국과의 갈등 전선을 만들게 될 우려가 있다"고 밝혔다.

재단의 해명에도 불구하고 참여단체들은 이종찬 전 국가정보원장, 인명진 갈릴리 교회 목사 등이 공동의장인 '식민사학 해체 국민운동본부'를 발족해 우리 역사를 바로잡는 국민적 운동을 벌이겠다고 밝혔다. 이들 단체는 "해방 후 민족주의 사관이 어떻게 무너졌는지 토론회에서 밝히겠다"는 입장이다.

한편 상고사 연구가 지나치게 민족주의의 틀에서 진행되는 데 대한 우려도 있다. 고조선 연구자인 서영수 단국대 교수는 "낙랑군이 평양 지역에 있었다고 해서 고조선이 한의 속국이라는 식민사관으로만 볼 수는 없다"며 "낙랑군을 제외한 나머지 3개군의 존재가 불투명한 데다 낙랑의 지배 역시 제한적이었다"고 말했다.

부록 3

끙끙 앓는 동북아역사재단
오상도 기자 sdoh@seoul.co.kr
2014-03-24

끙끙 앓는 동북아역사재단

"이러한 중대한 시점에 고조선사 연구직 채용 및 배치를 둘러싼 파문을 보면서 연구위원들은 재단의 앞날에 대해 심각한 위기감을 느끼고 있습니다. (중략) 운영관리실장이 인수위에 상고사 관련 보고를 한 것에서 시작된 '상고사(上古史) 논란'은 재야 상고사 연구자의 '지분 요구'라고 해도 과언이 아닙니다. (중략) 이러한 요구를 수용한다면 향후 더욱 심각한 사태가 발생할 것이 분명합니다."(2013년 11월 28일 동북아역사재단 연구위원협의회 연구위원 일동)

주변국의 역사왜곡에 맞서 2006년 9월 출범한 동북아역사재단이 한반도 상고사를 놓고 심각한 내홍을 겪고 있다. 23일 재단의 내부 관계자들에 따르면 재단은 지난해부터 상고사 관련 직원 채용과 재야 학계 및 기존 학계 간 조정 역할을 놓고 마찰을 빚고 있다. 최근 재단의 연구위원들은 김학준 이사장에게 재단 운영에 관한 문제점을 지적하는 단체 질의서를 보내기도 했다.

이런 분란은 지난해 상고사 연구인력 1명을 채용하는 과정에서 불거진 불협화음에서 비롯됐다. 내부 연구위원들은 "당시 고조선사 연구자가 지원했음에도 (상고사와 관련없는) 고구려사 연구자가 채용돼 인력충원 요구와는 정면으로 배치됐고, 채용된 연구직원 배치 문제 협의에서 역사연구실장이 배제된 채 정책기획실 기획팀에 배치됐다"고 주장했다. 나아가 채용과정의 외부 전형위원 추천을 둘러싼 교육부 감사가 있었고, 역사연구실장과 이사장 보좌관이 경위서를 제출했다는 사실도 문제가 됐다.

연구위원들은 재야와 학계 사이에서 조정 역할을 담당해 온 재단이 특정 이해관계에 휘둘릴 경우 공격당하는 빌미를 제공할 수 있다며 우려를 나타냈다. 재단은 현재 교육부, 외교부, 등에서 간부들이 파견돼 영향력을 행사하고 있다.

재단은 이 같은 분위기를 의식한 듯 지난 17일 김 이사장과 석동연 사무총장 등 간부진이 대거 참석한 가운데 기자간담회를 열었다. 이 자리에서 연구위원들의 정년을 기존 60세에서 65세로 늘리는 등 처우개선이 필요하다는 의견이 개진됐다. 아울러 지난해 채용한 상고사 연구인력 1명 외에 올 상반기 2명을 더 충원해 '상고사 특별팀'을 구성할 것이라고 밝혔다.

재단은 상고사 논란과 관련해 안팎으로 구설에 휩싸여 있다. 올해 초 미국 하버드대 한국학연구소를 통해 발간한 연구서 '한국 고대사 속의 한사군'이 한국 고대사에 대한 일제 식민사관을 그대로 담고 있다는 재야 사학계의 반발이 불거지면서다.

국내 역사연구단체와 독립운동단체들은 지난 19일 '식민사학 해체 국민운동본부'를 발족하고 재단에 대한 국민정책감사를 감사원에 청구하겠다고 밝혔다. 이종찬 전 국정원장과 인명진 갈릴리교회 목사, 김병기 대한독립운동총사 편찬위원장 등이 참여한 이 단체는 재단이 10억원을 지원해 내놓은 연구서에 한사군의 한반도 북부 위치설 등 일제 조선사편수회의 시각이 그대로 반영됐다며 반발하고 있다.

재단 측은 "국내외 기존 연구성과를 전반적으로 검토하면서 한사군을 중심으로 일본 식민사관에 의해 왜곡된 한국 고대사 내용을 설명한 책"이라고 밝혔으나 쉽사리 사태가 진정되지 않고 있다.